日本史史料研究会ブックス

六波羅探題《ろくはらたんだい》研究の軌跡

研究史ハンドブック

久保田和彦＝[著]
Kubota Kazuhiko

図書出版
文学通信

目　次

目　次

はじめに――「六波羅探題」ってなに

「六波羅探題」ってなに

「六波羅探題《ろくはらたんだい》」って、いったい何だろうか。読者の皆様は御存じだろうか。筆者は三十四年もの間、神奈川県の公立高校で日本史の教員をしていたのであるが、「私は六波羅探題を研究している」と生徒に話すと、多くの生徒は不思議そうに、「何だ、この教師は」というような顔をしていた。知名度はイマイチ、聞いたことはあるけど何かよくわからない存在、というのが一般的であろうか。そんな六波羅探題がどのような存在で、鎌倉時代にどんな役割を果たしたのか、六波羅探題に関する研究の軌跡をたどりながらお話を進める。六波羅探題の知名度を少しでも上げたい、というのが本書の目的である。

新書・選書ブーム

最近、書店を訪れると新書や選書のブームのようで、書棚には様々なジャンルの本が並んでいて、日本史に関する新書・選書も数多く見られる。呉座勇一《ござゆういち》著『応仁《おうにん》の乱―戦国時代を生んだ大乱』（中公新書）は、二〇一六年十月に刊行されて約半年で二十三万部のベストセラーとなり、中世史の分野では、続けて亀田俊和《かめだとしたか》著『観応《かんのう》の擾乱《じょうらん》―室町幕府を二つに裂いた足利尊氏《あしかがたかうじ》・直義《ただよし》兄弟の戦い』（中公新書、二〇一七年七月）、峰岸純夫《みねぎしすみお》著『享徳《きょうとく》の乱―中世東国の「三十年戦争」』（講談社選書メチエ、二〇一七年十月）が刊行され、「なんとかの乱」シリーズが縦積みで書店に並んでいた。また、本郷和人《ほんごうかずと》や磯田道史《いそだみちふみ》は、さかんに『日本史のなんとか』『なんとかの日本史』というタイトルで次々と売れ筋の新書を刊行している。

承久の乱からまもなく八〇〇年

そんな中、承久《じょうきゅう》の乱に関する二冊の新書が刊行された。坂井孝一《さかいこういち》著『承久の乱―真の「武者の世」を告げる大乱』（中公新書、二〇一八年十二月）と本郷和人著『承久の乱―日本史のターニングポイント』（文春文庫、二〇一九年一月）である。続けて野口実《のぐちみのる》編『承久の乱の構造と展開―転換する朝廷と幕府の権力』（戎光祥中世史論集、二〇一九年四月）が刊行され、また、筆者も一部執筆したが、日本史史料研究会監修『承久の乱研究の最前線』（星海社新書）もまもなく刊行の予定である。

承久三（一二二一）年に承久の乱がおこって、まもなく八〇〇年を迎える。承久の乱とは、京都の朝廷と鎌倉幕府が軍事衝突し、わずか一か月で鎌倉軍が京都を占領し、後鳥羽《ごとば》・土御門《つちみかど》・順徳《じゅんとく》の三人の上皇を配流とし、幼い仲恭《ちゅうきょう》天皇を廃位するという、日本の歴史上における未曽有の事件、最大の画期ともいうべき大事件である。しかし、承久の乱の主役である後鳥羽上皇や北条義時《ほうじょうよしとき》・政子《まさこ》、脇役である大江広元《おおえひろもと》・北条泰時《やすとき》など、乱にかかわった個別の人物の伝記や研究は数多くあるのだが、承久の乱の歴史的な意義を議論するような研究は、これまで意外なほど少ない。承久の乱に関する新書・選書の出版をきっかけにして、承久の乱に関する研究が進展することを期待したい。

「六波羅探題」の一般的知識

さて「六波羅探題」であるが、承久三年六月十六日、乱に勝利した鎌倉幕府によって、「右京兆《うきょうちょう》（北条義時）の爪牙《そうが》・耳目《じもく》の如く、治国の要計《ようけい》を廻らし、武家の安全を求めること」（『吾妻鏡《あずまかがみ》』同日条）を目的として京都六波羅に設置された幕府の機関である。要するに、鎌倉幕府は承久の乱によって存続そのものが危うくなったわけで、このような事件が二度と起こらないように、「幕府の手先として朝廷を監視し、武家の安全のためにしっかりがんばる」ことが六波羅探題の職務という意味である。

なお、「右京兆」とは右京大夫《うきょうのだいふ》の唐名で、律令制において京の司法・行政・警察を担当した行政機関の長官のことである。当時、幕府の二代執権《しっけん》である北条義時が朝廷から任命されていた。律令制の官職の大部分は本来の役割を終えていて、義時も右京大夫の職務とはまったく無関係なのであるが、律令官制の名称だけは江戸幕府にまで引き継がれ、ものによっては明治政府にも受け継がれていく。

鎌倉末期に成立した『沙汰未練書《さたみれんしょ》』（鎌倉幕府の法曹官僚によって編纂された法律・裁判のための手引書）には、「六波羅とは、洛中《らくちゅう》（平安京の京域内）の警固《けいご》ならびに西国の成敗（裁判）の事なり」と記されている。このため六波羅探題の研究は、第一に洛中の警固（軍事・検察機能）、第二に西国の成敗（裁判機能）という六波羅探題の二つの職務・機能を中心に、「関東＝幕府」との関係を論じる形で行われてきた。

※『沙汰未練書』は、佐藤進一《さとうしんいち》・池内義資《いけうちよしすけ》編『中世法制史料集』第二巻・室町幕府法（岩波書店、一九五七年六月）所載を利用する。

六波羅探題の通説の成立

戦後の六波羅探題の研究では、佐藤進一の鎌倉幕府の訴訟制度上に占める六波羅探題の地位を考察した研究、上横手雅敬《うわよこてまさたか》の六波羅探題の成立と構造に関する研究、瀬野精一郎《せのせいいちろう》の鎮西における六波羅探題の権限を考察した研究などが代表である。

これらの研究に共通した認識は、六波羅探題の地方支配機構としての未熟性・幕府からの非自立性であり、これが通説化して、その後、六波羅探題の研究はほとんど見られなくなる。その結果、「六波羅にはついに確定判決権は与えられなかったのであるから、探題として成立をみなかったという議論も生まれてこよう」という五味文彦《ごみふみひこ》の発言まで登場することになる。「六波羅探題を研究しても意味がない」ということになり、六波羅探題の研究は下火になった。

六波羅探題研究の本格化

しかし、一九八〇年代後半頃より、主として鎌倉後期を中心に六波羅探題に関する実態的な研究が急速に進められた。「六波羅─両使制」の機能から六波羅探題の広域支配機関としての性格を追求した外岡慎一郎《とのおかしんいちろう》の研究、公武交渉における六波羅探題の役割を考察した森茂暁《もりしげあき》の研究、探題・評定衆をはじめとする探題職員に関する森幸夫《もりゆきお》の研究、探題被官の活動の分析から北条氏の西国支配の特質を追求した高橋慎一朗《たかはししんいちろう》の研究、六波羅探題発給文書に関する久保田和彦（筆者）の研究、六波羅探題に関する通説を多角的・総合的に再検討した熊谷隆之《くまがいたかゆき》の研究、六波羅探題と公武関係を検討した木村英一《きむらえいいち》の研究などが代表である。

中世日本の中心、朝廷＝公家政権の所在地である京都に置かれ、一〇〇年以上にわたり西国支配に重要な役割を果たし続けた六波羅探題の研究はここにようやく本格化した。

本書のねらい

本書は、以上のような六波羅探題に関する研究の軌跡をたどりながら、六波羅探題の成立と展開、探題の発給文書、探題の職務と歴史的役割、鎌倉幕府・朝廷と探題との関係、鎌倉後期・幕府滅亡にいたる畿内の変化と探題の滅亡など、六波羅探題に関する様々な問題をわかりやすくまとめてみる、そんな内容にしたいと考えている。

これまで、六波羅探題をわかりやすく一般書としてまとめた書物は一冊もない。また、六波羅探題を主題とする学術論文集も、森幸夫著『六波羅探題の研究』（続群書類従完成会、一九九一年三月）と木村英一著『鎌倉時代公武関係と六波羅探題』（清文堂、二〇一六年一月）の両冊を数えるのみである。この二冊の優れた論文集にも、六波羅探題に関する研究史が適確にまとめられているが、本書を通じて、六波羅探題の知名度を少しでも高め、また歴史学の研究において、研究史を詳細に跡づけることがどんなに大切かを、日本中世史の研究者をはじめとして、歴史に興味を持つ一般読者、さらに史学科の学生にいたるまで、伝えていけたらと考える。

例言

一、本書で引用した編著書・論文の書誌情報は、参考文献として、各章ごと五十音順にして、巻末にまとめて紹介する。
二、本書では、論拠となる史料を適宜引用するが、史料の出典は（『吾妻鏡』）のように示した。
三、引用した史料は、原則として読み下し文とした。
四、頻出する史料集は、以下のように略記する。
・『新訂増補・国史大系・吾妻鏡』（吉川弘文館）→『吾妻鏡』。
・竹内理三《たけうちりぞう》編『鎌倉遺文《かまくらいぶん》』（東京堂出版）→『鎌倉遺文』。
・佐藤進一・池内義資編『中世法制史料集』→『中法史』。
・巻数は、①②のように○数字で表記した。
五、史料中の人名や地名などを比定する場合、本文に説明が必要な場合は、（　）の中に筆者による比定・説明を記した。
六、本書では、研究者の氏名に「……氏」のような敬称を略している。文章が尊大な印象を受けるが、統一的に表記するためで、本書で紹介した研究者に対して心から敬意を抱いていることをお断りしておきたい。

第一章　戦前の六波羅探題の研究

鎌倉市大船にある粟船山（ぞくせんざん）常楽寺仏殿（上図）。初代六波羅探題北方をつとめた3代執権北条泰時（1183-1242）が、妻の母の供養のために建立した粟船御堂がはじまりで、寺名の常楽寺は泰時の法名「常楽寺殿」からとられたといわれている。仏殿の裏手には北条泰時の墓（下図）もある。あまり広くない境内に足を踏み入れると、鎌倉時代にタイムスリップしたように感じる。写真は筆者が撮影。

INTRODUCTION

戦前の日本史学において、六波羅探題を専門とする研究はない。鎌倉時代の政治・裁判・官職の研究に際して簡単に触れられる程度である。戦前において六波羅探題に関して言及のある代表的な研究は、和田英松《わだひでまつ》著『官職要解《かんしょくようかい》』（明治書院、一九〇二年九月）、三浦《みうら》周行《ひろゆき》著『鎌倉時代史』（早稲田大学出版部、一九〇七年）、石井良助《いしいりょうすけ》著『中世武家不動産訴訟法の研究』（弘文堂書房、一九三八年）の三冊くらいである。これらの三冊をのぞいてみよう。

1　京畿および関西の諸政をすべ、兵馬のことを総掌する──和田英松の研究

和田英松（わだひでまつ）とは──『国史大辞典』巻14を参考に

和田英松は、明治から昭和にかけての歴史学者で、慶応元年（一八六五）九月十日に備後国沼隈郡鞆町《ぬまくまぐんともちょう》（広島県福山市）に生まれた。明治二十一年（一八八八）に帝国大学古典講習科を卒

業し、同二十八年に文科大学史料《しりょう》編纂掛《へんさんがかり》（後の東京大学史料編纂所）の設置により編纂補助員となり、学習院教授を経て東京帝国大学史料編纂官として『大日本史料』の編纂に従事する。皇室制度・官職・有職故実《ゆうそくこじつ》などの諸制度に精通し、文献史料の集成、その他の研究に大きな業績をあげた。昭和十二年八月二十日、七十三歳で死去する。

主要著書に『官職要解《かんしょくようかい》』（明治書院・一九〇二年、講談社学術文庫・一九八三年）、『建武年中行事註解』（明治書院・一九〇三年、講談社学術文庫・一九八九年）、『国史国文之研究』（雄山閣、一九二六年）、『皇室御撰之研究《こうしつぎょせんのけんきゅう》』（明治書院、一九三三年）、『本朝書籍目録考証』（明治書院、一九三六年）、『国史説苑《こくしせつえん》』（明治書院、一九四二年）などがある。

和田英松著・所功校訂
『新訂官職要解』
（講談社学術文庫 1983 年）

『官職要解』緒言

和田英松はその著『官職要解』緒言で次のように述べる。

　国史を学ぶには、昔の官職のありさまを知らねばならぬのはもちろんのことであるが、国文を学ぶにも、官職の大体を心得ておく必要があるのは、いうまでもないことである。ことに、三鏡《さんかがみ》（大鏡《おおかがみ》・今鏡《いまかがみ》・増鏡《ますかがみ》）や軍《いくさ》ものなどの記事は、みな歴史に関したことばかりで、そのなかにあらわれている人物は、官位のあるものが多い。作り物語の『源氏』や『うつぼ』なども、そのしくみは、おおかた朝廷のことや、貴族の上をうつしたのであるから、そのなかの人物にともなって、官職の名も多く書いてある。それゆえ、官職のことをわきまえておらぬと、身分階級の別も明らかに知れないで、記事の上にわからぬことがあったり、文章の解釈について困ることがある。

国史や国文を学ぶためには、その史料の多くに登場する官職の知識がなければ、史料を正しく理解することはできない、ということである。まことにその通りである。和田英松はかかる問題意識により、大化改新前の官職から平安時代にいたる官職を詳細に解説する。とくに平安時代に日本の官職制度がほぼ完成することから、平安時代の官職に関する記述は精緻を極めている。

平安時代と比較して、武家時代の官職に関する記述は簡単であるが、六波羅採題に関しては、「第五章　武家時代」の「五　鎌倉幕府の職制」で言及している。

鎌倉幕府の職制　六波羅探題

鎌倉幕府の職制について、和田英松は次のように述べる。

鎌倉幕府は源頼朝の創立であるが、職制なども朝廷のようにはじめから立派に制定したのでなく、摂関大臣家などにあるような家司をおしひろめて、だんだん大きくしたのである。

まず執権が朝廷の関白のようなもので、政所《まんどころ》、問注所《もんちゅうじょ》、侍所《さむらいどころ》、評定衆《ひょうじょうしゅう》、引付衆《ひきつけしゅう》、奉行人《ぶぎょうにん》などがあった。地方官には、京師に両六波羅があり、奥羽と九州に奉行・探題を置いて外寇《がいこう》に備え、諸国・庄園に守護・地頭を置いたのである。

まことに簡潔であるが、要領よく鎌倉幕府の職制をまとめている。そして六波羅探題についても、以下のように解説する。

京畿および関西の諸政をすべ、兵馬のことを総掌する役である。役所は、京師の鴨川の東、六波羅にあった。もとは京都守護、洛中警衛を置いて輦轂《れんこく》の下〔「輦轂」は天子の乗り物のことで、天子の乗る車の下の意から、皇居のある地をいう」を警衛せしめ、また源《みなもとの》頼政《よりまさ》の子頼兼《よりかね》を大内守護とし、大内夜行番を置いて宮城を守衛せしめたのである。承久の乱から、六波羅の南北にわかれて北殿、南殿といい、また両六波羅ともいって、北条氏の一族が代々この職を務めていた。

探題の下に、種々の役があったが、大かた鎌倉に擬したもので、評定衆《ひょうじょうしゅう》、引付頭《ひきつけとう》、奉行人など、いずれも鎌倉のと同じことである。ただし、奉行人は、『太平記』巻一に「六波羅の奉行斎藤《さいとう》太郎《たろう》左衛門《ざえもんの》尉《じょう》利行《としゆき》」とのせてある類であるが、鎌倉のように分担している職掌はよくわかっておらぬ。また、問注所には執事、寄人があって、これも鎌倉と同じである。

さらに続けて、六波羅の侍所、大番《おおばん》、篝屋守護人《かがりやしゅごにん》、在京人《ざいきょうにん》の項目を設けて、簡潔に説明を加えている。和田英松の右の説明が、戦前の日本史学における最初の六波羅探題に関する記述である。この理解がこれから、どのように変化するのか、次に三浦周行の著作を見ていきたい。

2　六波羅は京都の重鎮――三浦周行の研究

三浦周行（みうらひろゆき）とは――『国史大辞典』巻13を参考に

三浦周行は、明治から昭和にかけての歴史学者で、明治四年（一八七一）六月四日に出雲国島根郡内中原町（鳥取県松江市）に生まれた。明治二十六年に帝国大学文科大学を卒業し、同二十八年史料編纂助員、同三十八年史料編纂官となり、『大日本史料』第四編鎌倉時代の編纂に従事する。同四十年京都帝国大学文科大学に史学科が開設されると、同大学講師から教授となる。はじめは、日本法制史、中世史、古文書学などを講義したが、大正に入り日本社会史、経済史、文化史の講義も担当した。昭和六年九月六日に死去した。

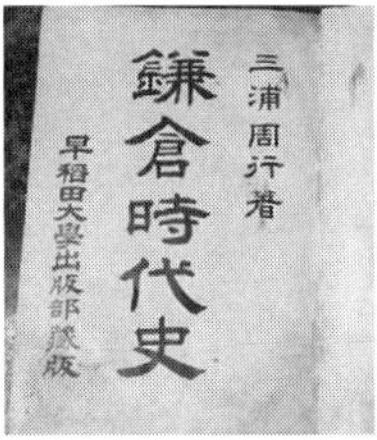

三浦周行著
『大日本時代史・鎌倉時代史』
（早稲田大学出版部 1907 年）

主要著書に、『大日本時代史・鎌倉時代史』（早稲田大学出版部、一九〇七年）、『歴史と人物』（東亜堂書房・一九一六年、岩波文庫・

一九九〇年）、『法制史の研究』（岩波書店、一九一九年）、『国史上の社会問題』（大鐙閣・一九二〇年、岩波文庫・一九九〇年）、『続法制史の研究』（岩波書店、一九二五年）、『日本史の研究』全二巻（岩波書店、一九二二年、一九三〇年）、『明治維新と現代支那』（刀江書院、一九三一年）、『大阪と堺』（朝尾直弘編、岩波文庫、一九八四年）など多数ある。

鎌倉時代政治史の三区分

三浦周行は『大日本史料』で鎌倉時代の編纂を担当したことから、史料に基づく精緻な鎌倉時代の政治史を叙述し、鎌倉時代を「第一期　創業時代」「第二期　守成時代」「第三期　衰微時代」の三期に区分している。

第一期の創業時代は、第二章の「幕府の創立」から第三十一章の「政子の薨去」まで（一一八〇～一二二五）の鎌倉前期四十五年間とし、第二期の守成時代は、第三十二章の「泰時《やすとき》の新政」から第七十七章の「北条時宗《ときむね》の卒去」まで（一二二五～八五）の中期六十年間とし、第三期の衰微時代は、第七十八章の「北条貞時《さだとき》の執権」から第百一章の「幕府顚覆《てんぷく》」まで（一二八五～一三三三）の後期四十八年間に区分する。

鎌倉時代の政治史は、戦後、佐藤進一（一九五五）によって、現在の通説となるA将軍独裁政治→B執権《しっけん》政治→C得宗専制《とくそうせんせい》政治へと転換する三区分が定着している。佐藤の三区分が、三浦の三区分の影響を受けていることは明らかである。

三浦周行は、『鎌倉時代史』第二十九章の戦後の経営の第百五節を「両六波羅の創設」とし、六波羅探題について論じている。内容は「六波羅の北殿《きたどの》、南殿《みなみどの》」「重要なる政治機関」「六波羅の管轄」の三項目である。長くなるが三浦の文章を引用する。

第百五節「両六波羅の創設」

六波羅の北殿、南殿　承久の乱は幕府をして過去に於ける京都の守備の薄弱なりしを悟らしむると共に、有力なる将帥と兵力とを駐屯せしめて不虞に備ふるの必要を感ぜしめたり。殊に京方の多くが東国にあらずして、京都近国及び西国にありし為め、事端の発生するもの、頻々として其跡を絶たざりしは、幕府をして機宜を誤らざらしめんが為め、一層有力なる代表機関を京都に置くの急務を認めしめたり。是を以て幕府は時房、泰時の両将を其儘六波羅に滞在せしむることとし、泰時は其北亭に、時房は其南亭に居れり。世にこれを称して六波羅殿といひ、北殿、南殿ともいひ、又単に南北ともいへり。六波羅探題の如きは後世の称呼たるに過ぎず。武家名目抄に、「これより後には北条一家の所職となりければ、他門の人仮にも補せらるることなし。爰において諸家これを崇敬し、常には其職号をいはずして、六波羅殿とのみ称し（太平記にみゆ）、或は北殿、南殿などもいへり、（若《わか》狭国《さのくに》守《しゅ》護《ご》職《しき》次第《しだい》にみゆ）」とあるは誤れり。

重要なる政治機関　吾妻鏡に時房、泰時の両将が六波羅亭に入りしことを叙して、「右京兆の爪牙・耳目の如く、治国の要計を廻らし、武家の安全を求める」といへるを見るも、六波羅が幕府の制度に於て、如何に重要視せられたりしかを思ふべし。彼等は其地位、名望並びに執権に亞《つ》ぎ、後概ね入つて執権若しくは連署となれり。かくて六波羅は北条氏の近親交々其職に居り、間々其一人を闕きしこともあり。幕府に倣うて評定衆、引付頭、引付衆、問注所、同寄人《よりうど》、侍所、検断、越訴奉行《おっそぶぎょう》等の吏員《りいん》を置き、御教書《みぎょうしょ》、下知状《げちじょう》等を発して宛然一小幕府の観をなせり。

六波羅の管轄　六波羅は京都の重鎮として軍事警察の任務に当り、兼ねて畿内及び西国に於ける行政、司法事務を管掌せり。（中略）建長五年四月、幕府、西国の守護、地頭、御家人にして六波羅の命に背くものは幕府に具申して其処分を仰がしめたり。鎮西も亦其所管なり。幕府の是等の地方に命令を発する場合には、先づ御教書を六波羅に発し、六波羅より更に諸国の守護に伝へて部内の地頭御家人に移さしむるを例とせり。通常の政務は六波羅に於いてこれを専決すべきも、事の重大なるは幕府に報告し、若しくは其指揮を待つべく、又訴訟の事件の如きも、幕府に移すべきと然らざるとあり。守護、地頭にして領家の訴ふるところとなり、六波羅の召喚を受くること三回に及ぶも、これに応ぜざりしものは幕府に具申して其処分を待つべく、刑事々件にして、京都の殺傷犯に武士の加はるものは検非違使庁の処分を仰ぐべく、管内の夜討強盗犯人の主犯は刑を執行し、従犯は鎌倉に下して夷島に流すこととせり。

3　六波羅探題の裁判管轄――石井良助の研究

石井良助（いしいりょうすけ）とは

石井良助は、昭和の戦前・戦後にかけての歴史学者で、明治四十年（一九〇七）十二月十四日に東京都大田区に生まれた。昭和五年（一九三〇）に東京帝国大学法学部を卒業し、二年後に助教授、同十二年に「中世武家不動産訴訟法の研究」で法学博士となり、同十七年教授となる。同四十三年に退官後は、新潟大学人文学部、専修大学法学部、創価大学法学部で教鞭をとった。平成五年（一九九三）一月十二日に八十五歳で死去。

主要著書に、『徳川禁令考』全十一巻（創文社、一九五九年～六一年）等の史料集や『中世武家不動産訴訟法』（弘文堂書房、一九三八年）、『日本法制史概説』（弘文堂、一九四八年）、『日本不動産占有論―中世における知行の研究―』（創文社、一九五二年）、『日本史概説』（創文社、一九五三年）、『大化改新と鎌倉幕府の成立』（創文社、一九五八年）、『はん』（学生社、一九六四年）、『江戸の刑罰』（中公新書、一九六四年）、『江戸の離婚　三行り半と縁切寺』（日本経済新聞社新書、一九六五年）、『吉原・江戸の遊郭の実態』（中公新書、一九六七年）、『江戸町方の制度』（人物往来社、一九六八年）、『略説日本国家史』（東京大学出版会、一九七二年）、『近世関東の被差別部落』（明石書店、一九七八年）、『家と戸籍の歴史』（創文社、一九八一年）、『近世民事訴訟法史　正続』（創文社、一九八四年～八五年）、『江戸の賤民』（明石書店、一九八九年）、『刑罰の歴史』（明石書店、一九九二年）など多数ある。主な著作の一覧を見ると、著作の時代や分野・対象の広さに驚かされる。

名著『中世武家不動産訴訟法の研究』

日本中世史の研究者で、知らない者がいない石井良助の不朽の名著が『中世武家不動産訴訟法の研究』である。不動産訴訟（所務沙汰《しょむざた》）とは、所領の上に行使される不動産物権の存在、不存在および効力に関し、あるいは不動産物権の知行《ちぎょう》（占有）の保持および回収を目的として提起する訴訟である。所務とは所領の管理あるいは収益の事務を意味した。

中世において不動産物権（土地・所領）の知行・支配は、最も重要な価値を持つ。本書は六三三頁におよぶ大著で、第一篇が鎌倉幕府不動産訴訟法、第二篇が室町幕府不動産訴訟法と二部構成になっており、各篇は訴訟当事者・訴訟手続（訴の提起・訴の繋属《けいぞく》・訴の審理・判決・和解および訴の取下《とりさげ》・救済手続・證據《しょうこ》・職権主義と當事者主義）に関して、膨大な史料を駆使して緻密に論じられている。

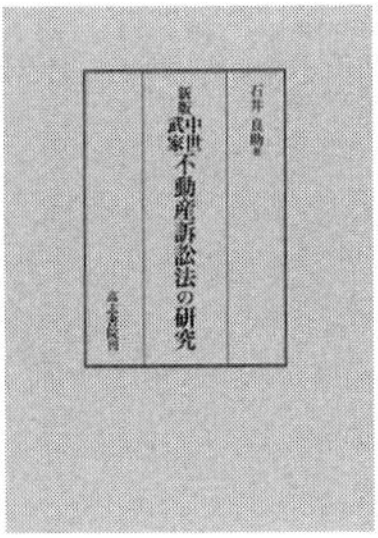

石井良助著
『新版中世武家不動産訴訟法の研究』（高志書院 2018 年）

本書は一九三六年に弘文堂から出版されるが、二〇一八年に高志書院より八十二年ぶりに新版が出版された。その編集後記の中で、編集協力者を代表して、清水克行は本書の重要性を次のように適確に述べている。

本書は、日本中世（鎌倉幕府・室町幕府）の訴訟制度を詳細に解明した研究として名高く、現在もなお当該分野の基本文献としての価値を失っていない。おそらく『新版古文書学入門』（法政大学出版局）、『中世法制史料集』全七巻（岩波書店）と並んで、研究者がまず座右に揃えるべき書籍と言えるだろう。しかしながら、なぜか本書は一九三八年に弘文堂書房より刊行された後、いちども増刷、改版されることなく今に至っており、日本中世史研究者必備の書と言われながら、近年では古書店の店頭にすら見かけることのなくなった超《ちょう》稀覯本《きこうぼん》となっている。もはやベテラン研究者ですら、かろうじて図書館で借りた本書のコピー製本を座右に置いているという状況であろう。

六波羅探題の裁判管轄

名著『中世武家不動産訴訟法の研究』では、六波羅探題に関する記述はほとんど見られない。六波羅探題に関する石井良助の研究は、一九三九年に『法学協会雑誌』誌上で発表された「鎌倉時代の裁判管轄―主として武家裁判所の管轄―」においてである。

同論文は、鎌倉時代の武家裁判所の裁判管轄を考察したものである。武家裁判所には鎌倉幕府・六波羅探題・鎮西探題《ちんぜいたんだい》の三つがあり、三つの裁判所が不動産訴訟（所務沙汰）・刑事訴訟（検断沙汰）において、訴訟の内容や場所でいかなる分担をしていたのかが、史料に基づいて検討されている。

刑事訴訟における裁判管轄

刑事に関する武家裁判権は、大犯三箇条《たいぼんさんかじょう》とその他の犯罪とを区別して検討される。また、京都における犯罪には特別な法令が存するため、別に検討する必要があるという。この内、六波羅探題に関係する刑事裁判は、京都における犯罪である。

京都において、公家の裁判所として検非違使庁《けびいしちょう》があり、武家の裁判所である六波羅検断と並立して存在した。武士と公家管轄の者との間の犯罪が頻発したため、幕府は文暦二年（一二三五）七月二十三日の追加法（『中法史』①八三条）で、「京都刃傷殺害人の事」なる法令を制定し、「武士の関係しない刃傷殺害人は、検非違使庁が裁判管轄すべきもの」と六波羅に命じている。

しかし、承久の乱により、朝廷の軍事・警察機構はほぼ解体しており、使庁単独で京都における犯罪に対処する能力は失われていた。このため、使庁側の希望もあり、翌年に制定された新編追加法第一〇〇条（『中法史』①九一条）で京都の強盗殺害人に対しては武士と使庁が共同で裁判すること、さらに仁治二年（一二四一）六月十日追加法第九四条（『中法史』①一六二条）では、重犯罪事件は武家で引き取り裁判することが定められている。

六波羅探題の土地管轄と事物管轄

六波羅探題の管轄区域を指称する場合、当時の法令では「鎮西」および「西国」という言葉が使用されている。鎮西は九州を指す語であるから、六波羅探題の管轄地の変遷は「西国」の範囲の変遷ということになる。

鎌倉時代の「西国」の範囲の変遷については、石井良助には専論がある。一九五二年に『国家学会雑誌』誌上に掲載された「東国と西国―鎌倉時代における―」である。詳細な考証は省略して、以下に同論文の結論をまとめてみる。

A．幕府の法律用語として西国という言葉の意味は、鎌倉時代において、三たびの変遷を経ている。第一期においては、西国という言葉は、九州を指すのに用いられた。貞永元年（一二三二）九月一日追加法に、六波羅府の管轄区域を「畿内、近国、西国」と記している。

そして、幕府は文暦二年（一二三五）に六波羅府の管轄区域を「東国は尾張を限る」「北陸道は加賀を限る」と定めている。

B．寛元（一二四三〜四七）頃より、西国の語は畿内近国を含む意味に使われるようになり、鎮西と「其の外の西国」と分けているので、この頃、西国という言葉は、鎮西以外の国々の意味となる。

C．鎌倉府と鎮西府との管轄は、東海道方面では三河と尾張の間、北陸方面では加賀と越前の間、東山道方面では美濃国が六波羅府に属した。

D．永仁四年（一二九六）に鎮西探題が設置され、九国二島に関してある程度の独立した支配権が与えられたので、この以後は、六波羅の管轄区域は、鎮西を除いた諸国、すなわち、「其の外の西国」（畿内・近国）を指すことになった。

石井良助の研究によって、鎌倉幕府・六波羅探題・鎮西探題三者の裁判管轄区域と、鎌倉時代におけるその変遷が史料に基づいて検討された。また、この理解は、戦後の鎌倉時代研究にも大きな影響を与えることになる。

第二章　戦後の六波羅探題の研究——通説の成立

鎌倉市扇ガ谷（おうぎがやつ）にある泉谷山浄光明寺本堂（上図）。6代執権北条長時（1230–64）が、開山に真阿を迎えて建立した。3代目六波羅探題北方をつとめ、1247年に三浦一族が滅亡した宝治合戦の後、帰東して2代目連署に就任した父重時（極楽寺流）に替わって、4代目の六波羅探題北方として上洛し、約9年間におよび単独で探題の職務をつとめた。長時は、文永元年（1264）に36歳で死去し、浄光明寺に葬られた。室町時代の木造である北条長時像（下図）も所蔵する。写真は浄光明寺提供。

戦前の日本史学において、六波羅探題《ろくはらたんだい》を専門とする研究は登場しなかった。六波羅探題に触れている研究として、和田英松《わだひでまつ》著『官職要解』、三浦周行《みうらひろゆき》著『鎌倉時代史』、石井良助《いしいりょうすけ》「鎌倉時代の裁判管轄―主として武家裁判所の管轄―」を紹介したが、いずれも六波羅探題を正面から取り上げた研究とはいえない。

戦後の六波羅探題研究では、佐藤進一《さとうしんいち》の鎌倉幕府の訴訟制度上に占める六波羅探題の地位を考察した研究、上横手雅敬《うわよこてまさたか》の六波羅探題の成立と構造に関する総合的な研究を代表として、本格的な六波羅探題研究が登場して、六波羅探題に関する通説が成立する。

第二章では、戦後の六波羅探題研究の通説を紹介する。鎌倉時代の古文書を編年・網羅的に集成した（本編の古文書編だけでも約三万五〇〇〇通の古文書が活字で容易に見ることが可能となった）竹内理三《たけうちりぞう》編『鎌倉遺文』（東京堂出版）が刊行される以前の研究環境の中で、佐藤進一や上横手雅敬ら戦後の研究者たちが史料を丹念に博捜して、実証的・論理的に、しかし抑制的に六波羅探題を論じていく迫力、実証的歴史学の醍醐味を紹介したい。

1　訴訟制度上に占める六波羅探題の地位――佐藤進一の研究

佐藤進一（さとうしんいち）とは

佐藤進一は、昭和の戦前・戦後にかけての歴史学者で、大正五年（一九一六）十一月二十五日に新潟県中蒲原郡《なかかんばらぐん》新《にい》津《つ》町《ちょう》（新潟市秋葉区）に生まれた。昭和十四年（一九三九）三月に東京帝国大学を卒業し、四月より同大学史料編纂所に勤務する。昭和十七年九月に徴兵されるが、同二十一年史料編纂所に復職。同二十四年法政大学文学部兼任講師、名古屋大学助教授となり、同二十八年から四十五年までの十七年間は東京大学文学部・史料編纂所に勤務し、その後は名古屋大学文学部・中央大学文学部を経て、昭和六十二年に中央大学を定年退職する。この間、昭和三十六年に「鎌倉時代より南北朝時代に至る守護制度の研究」で、東京大学より文学博士の学位を授与される。平成二十九年（二〇一七）十一月九日に一〇一歳で死去。

主要著書に、『鎌倉幕府訴訟制度の研究』（畝傍書房・一九四三年、岩波書店・一九九三年）、『鎌

倉幕府守護制度の研究』（要書房・一九四八年、東京大学出版会・一九七一年、増訂一九八三年）、『南北朝の動乱』（中央公論・日本の歴史九、一九六五年）、『室町幕府守護制度の研究』上下巻（東京大学出版会、一九六七年、八八年）、『古文書学入門』（法政大学出版局、一九七一年）、『足利義満―国家の統一に賭けた生涯』（日本を創った人びと一一、平凡社、一九八〇年）、『日本の中世国家』（岩波書店、一九八三年）、『花押《かおう》を読む』（平凡社選書、一九八八年）、『日本中世史論集』（岩波書店、一九九〇年）など、いずれも名著であり、各分野の現在の通説となる著作である。また、『中世法制史料集』全六巻（岩波書店、一九五五年〜二〇〇五年）や『中世政治社会思想（日本思想大系）』上下巻（岩波書店、一九九四年）のような優れた史料集の編纂もある。

佐藤進一は、日本中世史を学ぶ研究者に知らない人はいない大スターであり、昭和十四年に東京大学に提出した卒業論文が、後に名著『鎌倉幕府訴訟制度の研究』の中心となる「鎌倉幕府訴訟制度の分化」であることも大変な驚きである。現在でも、多くの中世史研究者は、佐藤進一の研究を検証することに追われているとも言われる。

鎌倉幕府政治の専制化について――鎌倉幕府政治体制の三段階

佐藤進一の最も有名な研究の一つが、「鎌倉幕府政治の専制化について」である。鎌倉幕府の政治体制は、①将軍独裁政治→②執権政治→③得宗《とくそう》専制政治と、三段階に変化することを論理的に叙述され、現在における鎌倉時代政治史の定説となった論文である。各時代を簡単にまとめると、

①将軍独裁政治（一一八〇～一二二五）…鎌倉殿（将軍）による独裁政治。頼朝《よりとも》・頼家《よりいえ》・実《さね》朝《とも》・政子《まさこ》の四人の鎌倉殿《かまくらどの》が登場し、御家人《ごけにん》との間に人格的・主従制的関係を結んだ時代。

②執権政治（一二二五～四七）…嘉禄元年（一二二五）の北条政子の死後、三代執権北条泰時は連署《れんしょ》・評定衆を設置し、貞永元年（一二三二）には御成敗式目《ごせいばいしきもく》を制定し、合議制と成文法による政権運営を行った。幕政の原理が主従制から官僚制に移行したことを示すが、四代将軍藤原頼経《ふじわらのよりつね》の時代は鎌倉殿の権威がいまだ尊重された。

③得宗専制政治（一二四七～一三三三）…五代執権北条時頼《ときより》は、寛元四年（一二四六）の宮騒《みやそう》動《どう》（名越光時《なごえみつとき》の乱）に勝利、前将軍藤原頼経を京都に追放し、翌宝治元年（一二四七）には幕府最大の有力御家人三浦一族を滅ぼし、得宗（北条氏の家督、二代義時の法名にちなむ）による専制政治を確立する。

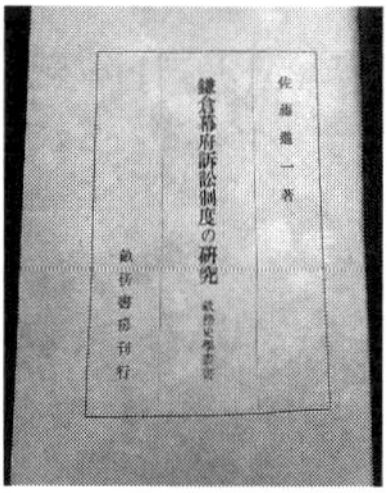

佐藤進一著
『鎌倉幕府訴訟制度の研究』
（畝傍書房、1943年）

将軍独裁政治・執権政治・得宗専制政治の各時代区分をいつからいつまでとするのは、研究者によってさまざまであるが、鎌倉幕府の政治体制がおおむね佐藤の説明のように三段階に展開することについては、多くの研究者の共通理解となっている。

六波羅探題の名称

佐藤進一は、名著『鎌倉幕府訴訟制度の研究』において鎌倉幕府訴訟制度上に占める六波羅探題の地位を、豊富な史料を駆使して詳細に考察した。佐藤の問題関心は訴訟機関としての探題の実態であるが、本論文は六波羅探題に関するはじめての専論といってよい。

最初に「探題」の語であるが、佐藤はこれを仏家より出たものとする（仏教用語の意味か）。さらに、江戸時代後期に江戸幕府の命令で和学講談所《わがくこうだんしょ》によって編纂された武家故実書《こじつしょ》である『武家《ぶけ》名目抄《みょうもくしょう》』（国立国会図書館デジタルコレクションを利用）に、「武家にて政務を裁決すること、かの探題たるもの課試を判断するに似たる」（同書四十五、職名二十六中）と記されていることから、自然幕府のこの重職を指す称呼となったものであろうと説かれている。

彼を六波羅訴訟機関の首班者として、幕府より西国訴訟の管轄権を賦与された者として取扱うことから、彼の地位を訴訟聴断の職となして、これを「六波羅探題」を以て称することが最も妥当であると佐藤は結論する。

訴訟制度上に占める六波羅探題の地位

佐藤は、鎌倉幕府訴訟制度上に占める六波羅探題の地位を、特に訴訟制度の発展過程において考察し、問題の対象を以下の二つに分けて論ずる。

(一)　六波羅探題の下に構成せられた訴訟機関の内容如何。それは幕府訴訟制度発展において如何なる発達分化の途をたどったか。

(二)　六波羅探題が幕府より与えられた訴訟管轄権の内容如何。これまた幕府制度発展の裡に如何なる変化を受けたか。

六波羅探題の訴訟機関と管轄権の問題の二つである。佐藤の論文は、他の論文でもそうであるが、あくまで史料に基づいて、禁欲的に実証していく。論証もできていないのに、仮定と予断とによって、あたかも実証されたかのように論じる最近の論文とはまったく別物である。まずは、訴訟機関としての六波羅探題とはいかなるものか、佐藤の論証をたどってみたい。

訴訟機関としての六波羅探題の濫觴

鎌倉では訴訟機関として、嘉禄元年（一二二五）に評定衆が、建長元年（一二四九）に引付衆が置かれたが、六波羅評定衆の初見は文永四年（一二六七）十一月八日紀伊阿弖河庄《きいあてがわのしょう》地頭代《じとうだい》訴状案（『鎌倉遺文』⑬九七九九号、『高野山文書又続宝簡集《こうやさんもんじょゆいぞくほうかんしゅう》』）に見える「御評定」なる語である。佐藤はこの「御評定」を評定衆の会議と解し、六波羅評定衆設置の年代を文永三年以前に置く。ただ、訴訟事務を担当すべき若干の奉行人が当初より存したと仮定し、天福元年（一二三三）九月十七日六波羅裁許状《さいきょじょう》（『鎌倉遺文』⑦四五六三号、『山城神護寺文書』）の紙継目《かみつぎめ》に二個の裏花《うらか》押《おう》があり、当該案件を担当した奉行の花押とする。そして奉行が二名であることから、当時すでに本奉行《ほんぶぎょう》・合奉行《あいぶぎょう》の制が存したと推測する。

十年後の寛元二年（一二四四）七月日の六波羅問注日記《もんちゅうにっき》（『鎌倉遺文』⑨六三五四号、『高野山文書宝簡集』）に見える「六波羅奉行者二人大膳進源季定書手 中津川弥二郎源家経」に関して、源季定は書手（執筆）であり、本事案の主任奉行《しゅにんぶぎょう》（本奉行）であり、源家経《みなもとのいえつね》は合奉行と解する。当該期には、本奉行・合奉行両人による対決事務の進行が制度化されていたといえる。

建治・弘安以後の六波羅裁判

六波羅訴訟機関としての史料がまとまって確認されるのは建治・弘安以後であるが、この頃には鎌倉幕府の訴訟制度は、すでに訴訟対象を基準に所務沙汰・雑務沙汰《ざつむさた》・検断《けんだん》沙汰の三機関に分化していた。しかし、六波羅ではかかる分化は見られず、すべて引付《ひきつけ》の管轄であり、約四十年後にいたって検断沙汰機関（検断方）が分立する。

このような理解から、佐藤は六波羅探題の引付・検断方の二項に関して、各々の構成内容、訴訟手続、管轄権などに関して、六波羅訴訟制上の地位の考察を展開する。ただし、史料の制約により、以下の検討は主として鎌倉時代後期に極限せざるをえず、「初期六波羅の訴訟機関は、今後の考究を期しなければならぬ」という。

佐藤の研究以後、多くの研究者は、なぜか六波羅の訴訟機関としての検討は全時代で論証されたかの如く理解しているのだが、佐藤はそんなことは全然言っていない。佐藤の論述は鎌倉時代後期に限定されていることに注意したい。

六波羅引付の成立

佐藤は、弘安元年（一二七八）十二月八日六波羅下知状（『鎌倉遺文』⑱一三三二六号、『内閣文《ないかくぶん》庫《こ》所蔵《しょぞう》美濃国《みののくに》茜部荘《あかなべのしょう》文書《もんじょ》』）に「引付座《ひきつけのざ》」と記されていることから、六波羅における引付設置を弘安元年十二月以前とする。また、引付番数《ばんすう》については、正安元年（一二九九）六月日東大《とうだい》寺《じ》学侶《がくりょ》代《だい》頼深《らいじん》庭中《ていちゅう》申状《もうしじょう》土代《どだい》（『鎌倉遺文』㉖二〇一五三号、『東大寺文書』）に「五番の内」と述べていることから、当時五方の制であり、また『沙汰未練書』（『中法史』②）の「六波羅雑務沙汰」の条に「五方《ごほう》引付」と記されている。五番引付の確認できる初見史料が永仁初年であることから、永仁元年（一二九三）には六波羅五番引付の存在が確実となる。

各引付には一名の頭人があり、その下に数名の引付衆・評定衆および右筆《ゆうひつ》が配属され、関東と同じく引付開闔《ひきつけかいこう》（開闔とは開くことと閉じることを意味し、平安時代には書物の出納・記録にあたる職となり、鎌倉以降は幕府の訴訟事務の進行など事務主任の職名となる）に引付右筆中の最上首が補されたこと、また合奉行も各引付一名が配属されたことなどが、史料をもとに実証されている。六波羅引付の構成内容は、鎌倉後期の史料を検討すると、関東引付の機能・権限とよく似ていることがわかる。

六波羅政務《せいむ》条々《じょうじょう》（建治三年十二月十九日関東事書《かんとうことがき》）

建治三年（一二七七）十二月十九日、幕府は北条時村《ときむら》を六波羅探題北方に派遣し、同時に六波羅の基本政務をまとめた政務条々（『鎌倉遺文』⑰一二九三九号、『建治三年記』）を時村に指示した。その第一条に人数として列記された因幡守《いなばのかみ》・美作守《みまさかのかみ》以下一四名が六波羅の政務の中枢を担う幹部である。

佐藤は、政務条々の第二条から第六条まで、すなわち「寺社事」「関東《かんとう》御《み》教書《きょうしょ》事」「問状《といじょう》事」「差符《さしふ》事」「下知《げち》符案《ふあん》事書《ことがき》開闔《かいこう》事《のこと》」の次行に「五か条は備後民部《みんぶ》大夫《だいふ》（町野《まちの》政康《まさやす》）が奉行すべし」と記されていることに注目し、訴訟手続上の主要事項であり、関東では各引付方の所管である五つの政務が町野政康一人の担当となっていることから、当初は六波羅の引付五番制が充分に機能していない実態を指摘する。

しかし、その後の関係史料の検討から、六波羅裁許状における引付頭人一人継目裏花押の制が正安二年（一三〇〇）～延慶元年（一三〇八）に採用されたことを実証し、関東では弘安年間に確立した引付責任制が、六波羅に移植された時期はこの頃であると結論する。

六波羅探題個人の権限

六波羅引付が初め何故重要な地位を与えられなかったのか。佐藤は、この問いに対して、六波羅裁判権が探題その人に与えられていたことをその解答とする。西国裁判権は関東の代官たる探題その人の行使する権限と観念されており、「六波羅府」とも称する政治機関としての観念は発達しなかったと結論する。

引付の管轄権に関しても、所務沙汰・雑務沙汰の分立や検断方の成立は鎌倉時代末になってようやく実現するのであるが、六波羅には関東の問注所に当たる雑務沙汰機関はついに設置されず、雑務沙汰の裁許状は所務沙汰と同じ形式で両探題連署の下知状が発給されたという。

訴訟機関としての六波羅探題が、関東と比較して様々な点で未発達・不十分であったことは、佐藤の指摘の通りであろう。しかし、この理解が後の六波羅探題の研究に大きな影響を与えたことをここでは確認しておきたい。

検断方の成立

六波羅探題の検断沙汰に関して、かつて中田《なかだ》薫《かおる》(「鎌倉室町両幕府ノ官制ニ付テ」)の研究がある。中田は「六波羅には侍所がなく、関東において侍所の管轄する検断沙汰は、六波羅では探題を長官として、次官検断頭人《じかんけんだんとうにん》が主として担当した」と述べている。

佐藤は、中田の立論の根拠が主として『沙汰未練書』であることから、中田の立論は未練書が成立した鎌倉時代末期については妥当であるが、鎌倉時代全時期には当たらないとする。その上で、六波羅における検断沙汰の取り扱いに関する事例を検討する。

六波羅における検断沙汰

弘安五年（一二八二）十月、東大寺衆徒《しゅと》が六波羅に提起した「山賊夜討強盗放火殺害等《さんぞくようちごうとうほうかさつがいとう》」の犯科人に関する訴訟が、武家の管轄ではなく、本所一円であることを理由に却下された事例を紹介し、この却下決定が「引付より仰せ出された」と記されていることから、当時の六波羅の検断沙汰が引付の管轄であると佐藤は指摘する。

この事例から、佐藤は六波羅の検断沙汰の手続きを以下のように推定した。

①東大寺衆徒により、山賊以下犯科人に関する訴状が賦奉行《くばり》（訴訟受理配賦機関）の備後民部大夫町野政康に提出される。
②政康は「訴訟を繋属審理すべし」と記した賦状を一方の引付頭人に配賦する。

③引付には二名もしくはそれ以上の検断奉行があり、その中の二名（この事例では、主任奉行椙原民部《すぎはらみんぶ》八郎と補助奉行）が担当奉行に選定され、彼らは訴訟文書を受取り、これを引付会議に提出して審議を受ける。

④審議の結果は引付会議にかけられ、さらに評定沙汰を経て、判決が確定する。

※　佐藤進一著八九～九二頁に全文引用された二通の弘安五年十月日東大寺衆徒申状案（東大寺文書第三回採訪十二）は『鎌倉遺文』に掲載されていない。

六波羅の検断沙汰は、主として検断奉行によって担当審理されるが、検断奉行は引付所属員の一人であり、検断沙汰は引付の管轄に属し、その審理手続は引付所属の検断奉行によって担当されていたと、佐藤は結論する。

検断の実力行使

次に、検断沙汰の手続の一部である犯人の捜索《そうさく》・捕縛《ほばく》・糾問《きゅうもん》・科罪等の実力行使が、当時何人の担当であったかが考察される。

『長福寺文書《ちょうふくじ》』所収の永仁六年（一二九八）の目安状（『鎌倉遺文』㊻五一七九二号）の一節に、

「去る弘安二年八月二十七日、検断頭《けんだのとう》河原口《かわらぐち》右衛門《うえもん》入道《にゅうどう》の奉行として、搦《から》め取り、大楼《だいろう》に召し入れおわんぬ」と記されていることから、検断の実力行使が「検断頭」の職掌であったことがわかる。

『沙汰未練書』の「検断沙汰」

鎌倉時代末期に成立した『沙汰未練書』は、その書出しに「沙汰未練書　関東・六波羅の御沙汰等の事なり」と記されるように、幕府と六波羅の両機関の訴訟の手引書である。その一節に当たる「検断沙汰トハ」に、

関東ニハ、侍所においてその沙汰あり、
京都ニハ、検断頭人が管領し、その沙汰あり、

という、幕府と六波羅両機関の検断沙汰に関する記述がある。前述した中田薫が根拠とした史料である。弘安頃の六波羅の検断沙汰は、引付の管轄に所属していたが、『沙汰未練書』には、検断頭人が独立して検断沙汰を担当しているように読める。未練書に記されるように、検断頭

人が検断沙汰を管轄し、独立した刑事訴訟機関の実質上の首班者となるのはいつ頃であるのか、佐藤の検討はさらに続く。

検断方の分立

正和二年（一三一三）正月日伊賀国守護代頼行申状《いがのくにしゅごだいよりゆきもうしじょう》（『鎌倉遺文』㉜二四七八〇、『東大寺文書』）によると、伊賀国名張郡下黒田《なばりぐんしもくろだ》強盗人に関する刑事裁判が、これまで斎藤基明《さいとうもとあき》を奉行として進行されてきたが、その後所務と検断が分離したため、この案件が基明から現在の奉行に引き渡されたと記されている。前項の弘安五年の事例から、先奉行斎藤基明は引付所属の検断奉行であり、所務と検断の分離によって、検断沙汰が引付の管轄を脱して、検断頭人の管下に入ったこと、すなわち引付に対する刑事訴訟機関の分立をしめす、と佐藤はこの史料を解釈した。

正和二年より『沙汰未練書』作製年代の下限である元亨二年（一三二二）までの約十年間において、六波羅訴訟の引付一手管轄より、引付・検断方分離管轄へ移行したことになる。

摂津国兵庫嶋悪党乱入事件

六波羅訴訟制度において、所務沙汰と検断沙汰の分離管轄が、以後厳守された事例として、佐藤は摂津国兵庫嶋悪党乱入《ひょうごじまあくとうらんにゅう》事件を紹介した。『東大寺文書』に後欠のため年月日未詳の二通の東大寺衆徒申状（『鎌倉遺文』には掲載されていない）がある。東大寺が所有する摂津国兵庫嶋に悪党と呼ばれた延暦寺僧良慶《りょうけい》が乱入した事件を六波羅探題に訴えた申状である。二通はほぼ同じ内容であるが、一通目の端裏書《はしうらがき》に「注進《ちゅうしん》案　検断方」、もう一通の端裏書には「注進案　所務方」と記されている。

注進とは、ここでは六波羅の命令に対する請文《うけぶみ》（承諾書）を意味するが、検断方と所務方の両方に別々に注進されているということは、六波羅からの命令（六波羅御教書）が検断方と所務方の両機関から別々に発令されていることを意味する。関務侵略のことは所務（引付）方の管轄として、また乱入者悪行に関しては検断方の管轄として、この事件は別個に取り扱われたのである。

六波羅検断方の構成員

『沙汰未練書』「侍所」の項には、以下の記述がある。

関東の検断を沙汰する所なり。同前（三項前の問注所に関する「関東これ在り、六波羅これ無し」の割書《わりがき》と同じという意味）、守殿（得宗）の御代官である御内人《みうちびと》（得宗被官）を頭人《とうにん》として、その沙汰有り。奉行人は外様人《とざまびと》（御家人）なり。

京都ニハ、両六波羅殿の御代官を以て頭人となし、その沙汰有り。奉行は前と同じ。

関東の侍所が、得宗・侍所頭人（得宗被官）・侍所奉行人（一般御家人）で構成されていたのに対し、六波羅検断方は両探題・検断頭人（探題被官）・検断奉行人（在京の御家人）によって構成されていた。正和三年に金沢貞顕《かねさわさだあき》が北方に在職中の六波羅検断頭人は、金沢家の被官《ひかん》向山《むこうやま》刑部左衛門尉《ぎょうぶさえもんのじょう》敦利《あつとし》が任じられ、嘉暦三年（一三二八）に金沢貞将《さだゆき》・常葉範貞《つねはのりさだ》が両探題に在職中の六波羅検断頭人には、両探題の被官である向山刑部左衛門尉と小串六郎右衛門尉《おぐしろくろううえもんのじょう》が任じられたごとくである。

検断奉行人には一般御家人が任じられた。また、検断頭人の配下には、実際に犯人の捕縛・糾問・断罪等を担当する下級職員も複数人活動していたはずである。

六波羅検断方の訴訟手続

六波羅検断沙汰の訴訟手続に関しては、『沙汰未練書』「検断沙汰」の項がほとんど唯一といってよい史料である。

京都は、検断頭人が管領し、その沙汰有り。賦については、頭人から訴状に銘を書き、直接奉行に配賦する。

未練書の記事によると、訴状は両頭人のいずれかに提出され、頭人より直接奉行人に配賦《はいふ》される。使節宛の催促状は六波羅御教書を以て発せられているので、問状・召文も御教書で発せられた。また、正式の刑事訴訟手続によらない犯科人の配流《はいる》決定も評定で審議されており、刑事訴訟に関しても検断方における審理の後、評定で審議され、判決文は六波羅下知状によって行われた。

訴訟機関としての六波羅探題

佐藤が第一の検討課題とした訴訟機関としての六波羅探題について、ここまでの議論を箇条書きにしてまとめてみよう。

①六波羅評定衆及び引付設置に関しては保留とする。
②文永以前の訴訟分類、管轄権分配も不明であり論外とする。
③遅くも弘安の当時には、訴訟分類の基準は訴訟対象であり、それにしたがって、検断沙汰と民事訴訟は相分たれていた。両者とも引付の管轄であったが、検断沙汰は引付奉行人の一部がこれを担任し（検断奉行）、他の訴訟手続とは別であった。
④正和の頃に検断方が独立し、また雑務沙汰と所務沙汰との分離も、遅くとも『沙汰未練書』作成以前に行われた。
⑤雑務沙汰は検断方成立以前の検断沙汰のごとく、管轄上は引付に属したけれども、奉行人において、訴訟手続において、所務沙汰とは明らかに区別された。
⑥関東における所務・雑務・検断三沙汰の分化は、時の遅速があったとしても、六波羅にもそのまま取り入れられた。
⑦この訴訟分類に照応すべき管轄機関の分立は、関東のごとく完全には行われず、当代末期に至って、関東の侍所に比すべき検断方の成立を見るにとどまり、雑務沙汰機関の萌芽は見られたが、完全なる成立は将来されずに終わった。

六波羅探題の管轄権

六波羅探題の任務は、『沙汰未練書』に「洛中警固《らくちゅうけいご》并《ならびに》西国成敗事《さいごくせいばいのこと》」と記されているが、この西国とはいかなる地域であるか、佐藤は史料を渉猟して、この問題を検討する。鎌倉幕府・六波羅探題・鎮西探題三者の裁判管轄区域と、鎌倉時代におけるその変遷は、すでに石井良助の研究によって論じられているが、佐藤はより詳細にこの問題を論じ直したのである。実証主義の権化ともいうべき佐藤進一の議論をたどってみたい。

六波羅探題の管轄地域を示す史料

六波羅探題の管轄地域を示す根拠として佐藤が使用した史料を、年代順に並べると、以下の通りである。

〔史料1〕　貞応元年（一二二二）五月二十八日関東御教書（『中法史』①追加法七条、『鎌倉遺文』⑤二九六一号）

相模守《さがみのかみ》（北条時房）・武蔵守《むさしのかみ》（北条泰時）は国々を相分ち、代官一人を相副えらるべきなり。

尾張国は先ず入部の始めとして、代官を定め下向し、相散ずべきなり。

〔史料2〕天福元年（一二三三）四月十六日関東事書（『中法史』①追加法五五条）

一手《いって》 宗監物孝尚《そうけんもつたかひさ》 十か国
尾張 伊勢 伊賀 美濃 近江 若狭 摂津 河内 飛驒 越前
一手 治部丞宗成《ちぶのじょうむねなり》 九か国
山城 丹波 丹後 但馬 因幡 出雲 石見 長門 伯耆
一手 左衛門尉明定《さえもんのじょうあきさだ》 十一か国
播磨 美作 備前 備中 安芸 伊予 土佐 阿波 淡路 紀伊 和泉

〔史料3〕文暦二年（一二三五）七月二十三日関東御教書（『中法史』①追加法八三条、『鎌倉遺文』⑦四八〇〇号）

一 六波羅において成敗有るべき国々の訴訟の事、
右、東国は尾張を限り、北陸道は加賀を限り、成敗せらるべきなり。

〔史料4〕永仁五年（一二九七）九月日東大寺学侶等申状案（『鎌倉遺文』㉖一九四六四号、『東大寺文書』）

尾張以西の沙汰は、六波羅成敗たるべきの旨、往古《おうこ》より定め置かれるものなり。

〔史料5〕『鎌倉年代記裏書』元応元年（一三一九）五月五日条

今年元応元五月五日、六波羅施行の六か国を取り、孔子（くじ）を以て定めらる。政所分は三河・伊勢・志摩、問注所は尾張・美濃・加賀。

〔史料6〕年欠（元応元）年七月十二日美濃《みの》茜部荘《あかなべのしょう》雑掌《ざっしょう》朝舜《ちょうしゅん》申状案《もうしじょうあん》（『鎌倉遺文』㉟二七〇九三号、『東大寺文書』）

当庄（茜部荘）の地頭長井《ながい》出羽《でわ》法印《ほういん》静瑜《じょうゆ》が御下知に違背し、年貢を未進した事について。寺門（東大寺）の累年（長年）の欝訴《うつそ》（不満を訴える）により、罪科を申し行おうとしたところ、当国（美濃）の事は関東（幕府）の御成敗であるので、六か国に関しての事案を取り整え、ご注進あるべきのよし承け及ぶといえども、当庄の事案は余事と混ぜられがたき上、寺社を優する（優遇する）ことは他と異なり、別儀を以てこの一か条はご注進を経るべきの由、満寺《まんじ》の群議するところなり。
〔史料7〕『鎌倉年代記裏書』元応二年九月二日条
評定。六か国六波羅に返さる。

六波羅探題の管轄地域は？

〔史料1〕は、貞応元年（一二二二）五月に、両六波羅探題の北条時房と泰時が管轄の諸国を二分して分掌し、各々代官一人を派遣させているが、その東端が尾張であったことを示している。

〔史料2〕は、その十年後の天福元年（一二三三）四月に、幕府が大風以前の出挙に関する新法を定め、三人の奉行を六波羅の管轄国に派遣した史料である。三人の奉行は六波羅の管轄する国々を三つに分担しているが、その東端は尾張、美濃、飛驒、越前であった。

〔史料3〕は、二年後の文暦二年七月、幕府から六波羅が裁判管轄する国々を伝達され、東国は尾張まで、北陸は加賀までと決定されている。

〔史料4〕は、六十二年後の永仁五年九月においても、六波羅が管轄する国は尾張以西であることは往古以来であると述べている。

〔史料5〕は、史料4から二十二年後の元応元年（一三一九）五月に、六波羅の裁判管轄国が変更され、三河・伊勢・志摩を政所が、尾張・美濃・加賀は問注所が管轄することを定めている。


元応元年五月の変更は、〔史料6〕によって、六波羅探題成立以来六波羅の管轄国であった美濃が関東（幕府）の御成敗と明記されていることで確認できる。

〔史料7〕は、その翌年九月に六波羅の管轄国が元に戻されたことを伝えている。

石井良助によって、幕府と六波羅との裁判管轄は、東海道方面では三河と尾張の間、北陸方面では加賀と越前の間、東山道方面では美濃国が六波羅府に属した、と結論されていたが、佐藤はこれをより詳細に検討し、以下のようにまとめた。

A．元応元年の改正以前、および同二年の復旧以後、六波羅の管轄地域は東方三河に、北方加賀に及んでいたことを知る。

B．東方に限っていえば、関東と六波羅との堺は、永仁五年（〔史料4〕）より元応元年に至る二十余年の間に、尾張より三河に移った。

C．飛騨は天福元年には六波羅の管轄に属していたが（〔史料2〕）、文暦二年では所管外と規定されている（〔史料3〕）。

D．北端加賀は、天福元年の六波羅施行の三十国中には見えず（〔史料2〕）、文暦二年では六波羅所管の北端と規定されているので（〔史料3〕）、天福文暦間の移転を推定すべきであるが、天福の記事が六波羅所管国のすべてを挙げたものではないので、この推定は今はとらない。文暦の制と元応の改正令とを結んで、当代を通じて六波羅の管轄は加賀を以て北端としていたと考える。

六波羅探題は鎌倉幕府の下級裁判所である

佐藤進一の六波羅探題研究の中で、後の研究に多くの影響を与えることになる、「六波羅は関東の下級審に過ぎぬ」「六波羅は審級上からも遂に関東より独立しえなかった」という評価に至る佐藤の考察をたどってみよう。

佐藤は、「訴訟当事者にとって、判決が確定し、その内容が実現されることが最も緊要な事柄であり、判決の実効力は、その裁判機関の裁判権の象徴である」という真理を述べたのち、「わが六波羅探題の主催する裁判機関の裁判権はそのような権威ある裁判をなしえたであろうか」という問題を提起する。

佐藤が問題提起する理由は、六波羅下知状（裁許状）の中でしばしば見られる「判決に不満な場合は関東に言上せよ」という文言である。また、多くの訴訟が、六波羅において準備手続を完了した後関東に移送され、関東の判決が与えられていることである。幕府の裁許状である関東下知状には、「六波羅が注進してきた訴陳状（訴状と陳状）や具書《ぐしょ》（関連書類）等は問題が多いが」とか「六波羅が取り進めた訴陳状具書は」とか「六波羅の問注記（原告と被告の両方の言い分を筆録したもの）によると」などの文言が頻出することである。

守護・地頭に関する裁判

寛喜三年（一二三一）五月十三日関東御教書（『鎌倉遺文』⑥四一四三号、『中法史』①追加法三〇条）によると、「諸国の守護人・地頭は、正員・代官ともに、領家《りょうけ》・預所《あずかりどころ》からの訴訟の際に、六波羅からの対決のための召喚《しょうかん》要求や非法停止の命令に従わないものがいる。二度の命令に従わない場合、三度目は幕府に報告するよう命じたが、大目に見て報告しない場合があるという。事実であれば狼藉を鎮めることができないので、今後は容認せず幕府に報告しなさい」と六波羅探題の北条重時《しげとき》・時盛に命じている。

佐藤は、この史料によって、「当時少なくとも守護地頭等に対する科罪の権は、六波羅に与えられていなかったと解すべきであり」、「初期の六波羅は未だ終局確定の判決を与える権を有せず、また守護地頭等を専断的に決罰しえず、その掌るところは主として訴訟準備手続の進行にあった」、「初期六波羅裁判権の不完全性は、当時の六波羅の任務が西国訴訟（西国成敗）機関たる点に存せず、専ら関東の耳目として、武家の安全を保持せんとする政策事項の遂行に在ったことの当然の結果である」と断じている。

六波羅裁判権の強化

地頭領家間の所務相論《そうろん》の激増、関東政務の増加、渋滞の結果、事の大小となく六波羅の注進を受けて、これに指令を与える煩にたえず、六波羅裁判権を強化し、漸次専決の範囲を拡大することになる。

正元元年（一二五九）六月十八日関東御教書（『鎌倉遺文』⑪八三八八号、『中法史』①追加法三二四条）によると、「西国の雑務に関する六波羅からの注進状が繁多のため、裁許に時間がかかるため、今後は特別に重大な案件以外は鎌倉に注進せず、直接に尋成敗しなさい」と当時の探題北条時茂に命じている。佐藤は、この史料から六波羅裁判権の強化、専決範囲の拡大を読み取るが、鎌倉末期になっても六波羅が裁決できない「殊なる重事（特別に重大な案件）」の存在を指摘し、その具体的な内容を考察する。

六波羅探題が専決できない「殊重事」とは？

佐藤は「殊重事」の事例として六つの史料を示し、その内容を以下のようにまとめた。

（一）大番役《おおばんやく》割当てに対する御家人の不服申立
（二）下地中分《したじちゅうぶん》（中世の土地相論で、土地そのものを分割して決着をはかる方法）訴訟
（三）謀書の咎により地頭職《じとうしき》を改易する事
（四）論所（繫争地）が得宗領の場合
（五）北条氏一門の下知違背に対する判決
（六）六箇度下知違背の場合

六波羅探題が専決できない「殊重事」の理由として、（一）大番役は侍別当たる執権の職権事項に属し、六波羅あるいは諸国守護はただその命令を御家人に施行するにすぎない。（二）（三）は武家領支配関係の変更を来すような判決は六波羅裁判権の範囲外であることを示す。（四）（五）はともに訴訟当事者一方の特別の権勢を顧慮した結果であり、（六）は御家人に対する科罪権の欠如のため、と佐藤は解している。

関東・六波羅間の審級管轄関係

初期六波羅裁判権は不完全な性格を有し、関東に対して下級審たる地位に立つものであった。すなわち西国訴訟の当事者は一度六波羅の判決を受けても、もしそれに不服ならば、改めて関東に出訴することができたのである。しかし、漸次六波羅裁判権が強化され、関東・六波羅間の地域管轄規定が実際の効力を発揮するようになると、六波羅の関東に対する審級的関係もまた変化する。裁判権の強化と関連する訴訟制度分化の過程に、越訴《おっそ》（再審）の制度が確立するならば、六波羅の判決に対する不服申立は、六波羅自身の越訴機関で取扱い、関東への上訴は必要なくなる。それは、これまでのような関東に対する審級的関係の解消を意味する。佐藤は、以上のような関東・六波羅間の審級管轄関係は、六波羅越訴制度の内容によると述べる。

文永四年（一二六七）十二月日紀伊国阿弖河荘雑掌陳状案（『鎌倉遺文』⑬九八二六号、『高野山文書又続宝簡集』）に六波羅の「越訴奉行」の存在が見える。また、弘安年間に六波羅で審議された筑後御家人北野家重《きたのいえしげ》と同国河北荘《かわきたのしょう》との相論で、六波羅は社家勝訴の判決を下したが、北野家重は六波羅に越訴を提起し、六波羅は両者の訴陳文書を関東に送致して判決を請うたが、関東は「六波羅下知状は相違なし」との判決を下した。

佐藤は、この二つの事例から、六波羅判決に対する不服申立を直接関東に提出することなく、六波羅に越訴していること、しかも六波羅はこの越訴を直ちに関東へ移送することなく、両者の書面審理手続を完了した上で、関係文書を関東に送っていることなどを評価しつつも、六波羅が越訴の判決を関東に請うていること、六波羅の手で判決を下しえない越訴があるという事実は、当時も関東・六波羅に審級関係が存続したことを物語ると述べ、六波羅自身判決不能の重要訴訟（殊重事）が当代末期にも存した事情を考えると、六波羅は審級上からも遂に関東より独立しえなかった、と結論を下したのである。

佐藤進一の六波羅探題研究のまとめ

以上、佐藤進一の訴訟機関としての六波羅探題の研究を詳細にたどってみた。佐藤の文章で

まとめると、

承久役を機縁として京都に設置せられた幕府の代官六波羅探題が、西国訴訟管轄権を与えられた後、一方において関東の訴訟制度発達に照応して、種々の訴訟機関を新設し、分化せしめ、手続法の発達を計り、また他方では関東に対して漸次より強力な裁判権を主張し、独立した訴訟機関の実を得んとしつつあった過程を考察した。六波羅探題が幕府の一地方機関である限り、彼のもつ訴訟制度が常に関東訴訟制度の制約を受けることはいう迄もない。

もう一つの名著『古文書学入門』

佐藤進一には、『鎌倉幕府訴訟制度の研究』と並ぶもう一つの名著である『古文書学入門』がある。同書は、佐藤進一が一九五〇年から法政大学文学部で古文書学の講義を受け持ったことが機縁となり、同大学通信教育部の委嘱により、古文書学の通信教育用のテキストとして一九五二年から分冊発行され、一九六八年に改訂合冊の一冊本として完成し、一九七一年に法政大学出版局から発行された。同書は一九九七年に新版が出版され、古文書学の最良のテキストとして、現在に至るまで同書を超える著作は見ることができない。

佐藤は旧版著書の結びで、古文書学の課題と題し、日本中世史研究の中で最も有名な文章といえる、以下の数行の文章を執筆した。長くなるが、該当箇所を引用する。

> 日本の古文書学は、近代歴史学の輸入の機運のなかで、一つには史料批判のための技術的方法習得のために、また一つには史料編纂のための直接の必要に迫られて、急速に発達した学問であった。古文書学がそれ自身一つの独立した学問とはみなされず、歴史学研究の手段としてのみ意義を持つ学問、したがって歴史学に従属して存在する学問であると考え、そういう意味で、古文書学を歴史学の補助学とよぶ誤解や、また古文書の真偽を鑑定し、難読の古文書を読みこなすことが、古文書学の最も重要な目的であるかのように考える誤解が生まれ、かつ根強く生き続けているのは、以上のことと決して無関係ではない。古文書学が歴史学に対して史料批判の方法を提供するということは、決して古文書学が歴史学に従属することを

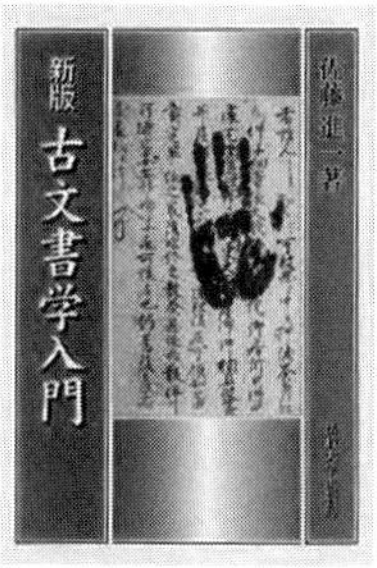

佐藤進一著
『新版古文書学入門』
（法政大学出版局 1997 年）

意味しない。また古文書の真偽鑑定や読解の重要なことは何人も疑うことはできないけれども、それは、いわば古文書を素材とする古文書学にとって自明の前提なのであって、古文書学だけのもつ研究目的でもなければ、古文書学固有の研究領域でもないのである。端的にいって、古文書学とは文書史である、といった方が、古文書学の性質を明確にいいあらわすことができると私は考える。（中略）

それでは文書史の目的は何か。文書が、特定者から特定者に対して文字を使用して行われる意思伝達の手段であり、しかも、単なる伝達ではなくして、相手方に種々さまざまの反応の起こることの期待を含んだ伝達であることを考えると、文書史の目的は文書の機能の歴史を明らかにすることにある、といわなければなるまい。より具体的にいえば、機能を軸にして、各時代の文書体系と、その史的展開を明らかにすることが、古文書学の骨格となるべきであろう。

筆者は、一九七四年四月に早稲田大学教育学部社会科地理歴史専修に入学し、同年秋から第一文学部竹内《たけうち》理三《りぞう》教授の研究室で月一回開催されていた鎌倉遺文研究会に参加することを許され、鎌倉時代の古文書に初めて接し、その読解に四苦八苦しながら取り組み始めた時、先輩の永村眞《ながむらまこと》から、佐藤進一著『古文書学入門』を理解できるまで何度でも読むように教えられた。内容を理解できたかどうかは別にして、三回は通読した記憶がある。

六波羅探題発給文書

佐藤は、右著の中で、六波羅探題発給文書に関して次のように述べる。

> 幕府の地方政庁ともいうべき六波羅探題・鎮西探題でも、中央にならって裁判の判決や禁制などに下知状を出した。幕府中央からのものは関東下知状（内容が裁許ならば関東裁許状）とよばれ、六波羅・鎮西のものはそれぞれ六波羅下知状（六波羅裁許状）・鎮西下知状（鎮西裁許状）とよばれた。（中略）幕府から下した命令を六波羅・鎮西が下知状の形で取り次ぎ伝達する場合には、それぞれ六波羅施行状《しぎょうじょう》・鎮西施行状とよんだ。但し所領の充行《あてがい》はもちろん、譲与安堵《じょうよあんど》は全く鎌倉で扱うべき事柄であって、六波羅・鎮西でこれを扱うことはなく、したがってこれに関して下知状を発給することはなかった。

六波羅探題・鎮西探題も幕府にならって、関東御教書と同じ様式の文書を出した。これらをそれぞれ六波羅御教書、鎮西御教書（博多御教書ともいう）とよんだ。とくに両探題が幕府の命令を取り次ぐ場合の御教書は、六波羅（鎮西）施行状とよばれた。

佐藤は、幕府の地方政庁である六波羅探題・鎮西探題も、幕府と同じ様式の下知状・御教書を発給したと説明している。しかし、後に検討するが、幕府発給の下知状・御教書と六波羅の発給する下知状・御教書とでは、大きな様式上の違いがある。佐藤はその様式上の相違には気づかなかったのかもしれない。

2　六波羅探題の成立と構造――上横手雅敬の研究

上横手雅敬（うわよこてまさたか）とは

上横手雅敬は、昭和の戦後に活躍した歴史家で、昭和六年（一九三一）三月七日に和歌山県に生まれる。同二十八年三月に京都大学文学部史学科を卒業し、同年四月大学院研究奨学生となり、三年間在学した後、同三十一年京都女子大学文学部専任講師、同三十三年京都大学教養部専任講師となり、同四十四年八月に同大学学部教授となり、平成六年（一九九四）に京都大学を定年退職する。この間、昭和四十六年に「日本中世政治史研究」で、京都大学より文学博士の学位を授与される。京都大学を定年した後は、龍谷大学大学院文学部教授、同特任教授、皇学館大学大学院文学研究科特任教授を経て、平成十九年に同大学を退職する。

主要著書に、『北条泰時』（吉川弘文館・人物叢書、一九五八年）、『源平の盛衰』（講談社日本歴史全集六、一九六九年）、『日本中世政治史研究』（塙書房、一九七〇年）、『平家物語の虚構と真実』上下（塙新書、一九七三年）、『鎌倉時代政治史研究』（吉川弘文館、一九九一年）、『日本中世国家史論考』（塙書房、一九九四年）、『源平争乱と平家物語』（角川選書、二〇〇一年）、『権力と仏教の中世史』（法蔵館、二〇〇九年）など多数ある。いずれの著書も後の研究に大きな影響を与えた名著である。その他、小品やエッセイをまとめた『鎌倉時代―その光と影』（吉川弘文館、一九九四年）、『日本史の快楽―中世に遊び現代を眺める』（講談社、一九九六年）も刊行されている。

また、京都府宇治市史・和歌山県史・京都府加茂町史・和歌山県橋本市史など、地方自治体史の編纂委員として優れた自治体史を編纂した。

上横手雅敬著
『鎌倉時代政治史研究』
（吉川弘文館、1991 年）

六波羅探題の成立

上横手雅敬の六波羅探題に関する研究は、参考文献にあげた四論文であるが、このうち最初の二論文（「六波羅探題の成立」「六波羅探題の構造と変質」）をここでは紹介する。以下、各々「成立」、「構造」と略称する。上横手は「成立」の冒頭で、「承久の乱の結果として、常識的には六波羅探題の成立があげられる」が、「未だ何等の論稿に接しない」と述べように、上横手雅敬は、戦後はじめて六波羅探題に関する本格的な研究を行った研究者である。

佐藤進一の研究が訴訟機関としての六波羅に限定されていたのに対し、上横手の研究は、六波羅探題の成立と構造に関して、すなわち六波羅探題を総合的に研究した最初の専論といってよい。

上横手は、六波羅探題の歴史的意義を解明するため、二つの問題を設定する。一つは、『沙汰未練書』に記されるように、六波羅探題が「洛中警固」と「西国成敗」のために、幕府によって設置された最初の機関であったか否かである。第二に、最初の機関ではなく、その先蹤機関が存したとすれば、六波羅探題を設置した理由は何か。この二点である。

第一の問題は、『沙汰未練書』に記された「洛中警固」「西国成敗」は、承久の乱以前にも必要であったから、六波羅探題の職務であることは当然であり、先学の指摘通り「京都守護」が探題の前身であることは、次の史料から証明されるという。

『吾妻鏡』正治二年（一二〇〇）七月二十七日条に「六波羅書状等到来《とうらい》」と記されているが、これは承久以前の京都守護を六波羅と称した事例であると上横手は述べる。しかし、この事例は、『吾妻鏡』の成立する十三世紀末に両者が同じものと認識されていたことを証明できるが、正治二年当時に京都守護を六波羅と称した事例とはいえない。

次に、『建治三年記』十二月二十九条に、「奥州（北条時村）の上洛のこと。京都守護として派遣されたと西園寺殿《さいおんじどの》（関東申次《かんとうもうしつぎ》・西園寺実兼《さいおんじさねかね》）に報告しなさい」という記事が、六波羅探題を京都守護と呼んだ事例であるとする。

以上の二つの事例から、六波羅には京都守護という先蹤があったこと、京都守護が洛中警固・西国成敗の機能を有したことは明らかであると上横手は論ずる。この理解を前提として、京都守護が存在したのに、なぜ六波羅探題を設置する必要があったのか、上横手はこの疑問を第二の問題とする。

上横手は、最初に西国成敗（裁判機能）の問題を検討する。京都守護の裁判機能を考える材料として、文治元年（一一八五）から建久七年（一一九六）の高野山文書中に京都守護の関連史料が六通しか見られず、その後承久の乱まではまったく見られないこと。裁判内容も濫妨停《らんぼうちょう》止《じ》の下知や、幕府の下知の伝達であり、訴陳両論をきいて裁決を行うという厳密な意味での裁判は史料上見えない。また、そのような裁判を行うに必要な機関の整備も見られないことから、上横手は京都守護の裁判機能はとるに足らぬと結論する。

京都守護に比較して、六波羅探題の裁判機能は如何かというと、承久三年七月八日六波羅下知状案（『鎌倉遺文』⑤二七六三号、『金剛寺文書《こんごうじもんじょ》』）によって、金剛寺の荘務《しょうむ》の押妨《おうぼう》を禁止した事例を手始めに、六波羅の処理する事件が著しく増大することは事実である。しかし、裁判機能が質的には如何かというと、佐藤進一は、初期の六波羅は訴訟準備手続きの進行を行うに過ぎなかったとされるが、開設当時の六波羅はその機能すら持たなかったと上横手は述べる。

初期の六波羅の裁判機能の評価について、上横手は佐藤説を批判した。その史料的根拠として、上横手は承久三年八月十二日六波羅下知状（『鎌倉遺文』⑤二七九六号、『高野山文書宝簡集』）の本文に、「事実《ことじち》たらば太だ不便」と述べながら事実は究明されない初期六波羅の裁判機能は、京都守護の機能と本質的には相違しない、訴訟準備手続きを進行するという評価には程遠いと断言する。

訴陳両訴の聴裁

上横手は、六波羅探題において訴陳両訴の聴裁ともいうべき裁判が見られるのは嘉禄年間（一二二五～二七）以降であるとする。根拠となる史料は、同三年閏三月十七日六波羅宛の関東御教書（『鎌倉遺文』⑥三六〇二号、『中法史』①追加法一八条）に、「諸国庄々の地頭等の非法・濫妨に関して、訴訟が出来した場合は、両方を対決させ是非を判断しているが、京都（六波羅）においても訴陳両者の問注（言い分）を遂げるように命じた」と述べていることである。上横手は、この史料から「遅くともこの年には六波羅において訴陳両者を対決せしめ問注を行った事がわかる」と述べているが、この追加法後半によると、地頭代が地頭正員に報告してからと理由をつけて六波羅での対決に応じないことが問題とされているので、かかる裁判がこの時点で軌道に乗っているようには見えない。

また、上横手は「同年八月、丹波国《たんばのくに》波々伯部保《ははかべのほ》（兵庫県丹波篠山市）に関して六波羅では事実問注の行われた事を示している」「この下知状は管見に触れる限り、六波羅において問注の行われたことを示す最古の史料である」と述べているが、この下知状というのは、正安元年（一二九九）十二月二十三日六波羅下知状案（『鎌倉遺文』㉗二〇三四四号、『祇園社記《ぎおんしゃき》』神領部二）に引用されている嘉禄三年八月二十八日六波羅下知状のことである。

この下知状によると、「感神院《かんしんいん》の日御供料米丹波国波々伯部保に守護使が乱入した事について、社解（祇園社の訴状）を遣わしました。この状によると、前々の守護代の時、訴えましたが、当守護代も始め保内に乱入し、土民を煩わせたので、長日御供《ちょうじつごく》が闕如《けつじょ》してしまいました。事実ならば不便であるので、先例に任せて新儀を停止しなさい。もし、特別な理由があるなら、六波羅で問注を遂げなさい」と命じている。しかし、守護代側は六波羅の召喚命令に従わなかったようで、同年十月五日再び六波羅下知状（『鎌倉遺文』㉗二〇三四四号、『祇園社記』神領部二）が発給され、「当保に関する訴訟は度々に及んでおり命令は以前に出している。去年閏三月十七日関東御下知状によると、謀叛《むほん》殺害以下三箇条の外、自由沙汰を停止すべしと命令されている」と、再度守護代を六波羅に訴えているのである。この史料から「六波羅において問注の行われた事」を読み取ることには無理がある。

初期六波羅に関する裁判機能を検討した結論として、上横手は、「六波羅の裁判機能を京都守護のそれと比較するに、量的には六波羅が処理した事務の著しい増加、質的には漸次問注を行う方向に進んで行くという趨勢の中に、我々は京都守護とは異なるものとしての六波羅の権限の拡大を看取し得るのである」と述べているが、この結論自体は間違っていないと思う。しかし、六波羅における問注の実態や佐藤の指摘する訴訟準備手続きの進行を行う六波羅探題の実態に関しては、多くの検討の余地が残されている。

続いて上横手は、六波羅のもう一つの機能である軍事検察機能を京都守護と比較して検討する。

京都守護の軍事警察機能

京都守護とは、北条時政《ときまさ》・一条《いちじょう》能保《よしやす》等、京都守護なる一個の人物であり、京都守護の軍事力の中核は、京都守護個人の家人《けにん》郎従《ろうじゅう》のみである。しかし、京都守護の家人郎従とは、例えば、北条時政が帰東の際京都に残留させた三五名（『吾妻鏡』文治二年三月二十七日条）は、その姓名から御家人とは見えず時政の家人と推定されるが、京都守護個人の家人はこのように少人数であり、京都の治安維持にはこれだけでは不十分で、京都在住の御家人と彼らに対する京都守護の統率力に規定される、と上横手は述べる。

京都在住の御家人は、大内守護・検非違使・大番役・在京御家人等実に多様である。しかし、実際に京都の治安維持に活躍したのは佐々木・大内の諸氏であった。彼等は在京御家人あるいは「不《ふ》退在《たいざい》京《きょう》奉公《ほうこう》」と呼ばれ、多くは検非違使を兼任していた。佐々木は近江、大内は美濃の守護であり、彼らが動員する軍事力は同国の御家人である。

京都守護と在京御家人は、本来御家人として対等であり、幕府権力の媒介する擬制的統属関係が存するにすぎない。このため、在京御家人は院宣によって頤使《いし》され、京都守護を介せずに幕府と交渉する在京御家人が生まれ、これが承久の乱の原因となった。以上、京都守護の軍事警察機能に関する上横手の論述はおおむね妥当である。

六波羅の軍事警察機能

承久の乱の結果設置された六波羅探題は、軍事力の源泉である御家人を如何にして統率するかが懸案となった。承久の乱は北条執権を中心とする幕府体制の国家的承認であり、北条氏に独占された探題の統率力は強大化の一途を辿り、かつて著しかった在京御家人の単独活動は、史料の表面からは姿を消したと上横手は述べる。

六波羅の統率力を示す事例としては、『吾妻鏡』文応元年（一二六〇）二月三日条に記される山門（比叡山延暦寺《ひえいざんえんりゃくじ》）蜂起《ほうき》に対する六波羅の対応であり、幕府は園城寺《おんじょうじ》を警固するため、探題に番衆（大番衆・在京御家人）を指揮することを命じており、違反者は所領を没収された。また、院が在京人に直接院宣を下すという形態も見られなくなるという。

また、『吾妻鏡』建長五年四月二十五日条によると、「西国の守護・御家人で六波羅の命令に背く者は幕府に報告され、幕府から厳罰を被る」ことが決定されている。六波羅を権威づけようとする幕府の努力が見えるが、探題と在京御家人の間に封建的主従制が結ばれることがないため、探題の権威は幕府の保証が必要であった。「かかる枠の中で、六波羅の御家人統率力が、京都守護のそれに比して遥かに強大であり、強大化していった」と上横手は述べる。

六波羅探題個人の性格

六波羅探題の機構が整備されていく過程において、探題の個人的裁量は漸次分散されていったが、永仁五年（一二九七）に至っても探題の関東下向《げこう》中《ちゅう》事務が関東に移行された事実、六波羅の侍所頭人は探題の個人的被官が任ぜられたという事実は、依然として探題の個人的裁量が強かったことを示していると上横手は述べる。永仁五年の事例は、永仁五年九月日東大寺学侶等申状案（『鎌倉遺文』㉖一九四六四号、『東大寺文書』）を史料的根拠としているが、この史料は、美濃国茜部荘における関東と六波羅の裁判管轄をめぐる問題であるので、探題の関東下向中すべての事務が関東に移行された事実を示しているとはいえない。

しかし、探題の個人的裁量権が強かったことは間違ってはいない。上横手は、京都守護から六波羅探題に至る最上級職員の性格と彼等相互の歴史的関係を封建国家の形成過程に対応しつつ論述し、この観点より六波羅探題成立の意義を明らかにすると述べ、歴代の京都守護の特色を検討し、以下の諸類型に分類する。

(1)a北条時政　b平賀《ひらが》朝雅《ともまさ》　(2)a一条能保　b中原親能《なかはらちかよし》

(1)a北条時政の第一の特色は、洛中警固と御家人統率を超えた広汎且強力な権能の行使、第二の特色は源頼朝の忠実な代弁者であったことである。(1)b平賀朝雅は、権能的には(1)aの系譜をひき、御家人統率・治安維持等の面が強いが、執権政治の生んだ京都守護であり、政治力・地位においては(1)aより遥かに弱い。伊賀光季はこの類型に属する。(2)a一条能保は、古代国家との妥協の上に成立した幕府の性格を反映し、公武の連絡を主とする。御家人統率等の武力的側面は劣っている。頼朝の妹婿として、北条時政同様に頼朝の側近であり、御家人を従者とする超御家人的存在である。(2)b中原親能は、機能上(2)aの系譜に属するが、京都に関する知識に富み、事務に堪能であり、地位的には一般御家人と同じである。この類型には、中原《なかはら》季時《すえとき》・毛利《もうり》親広《ちかひろ》が属する。以上の関係を、上横手は以下のように図示する。

（機能）⑴a＝⑴b、⑵a＝⑵b
（地位）⑴a＝⑵a、⑴b＝⑵b

上横手は、これら諸類型の歴史的相関関係を封建国家の形成過程に対応させつつ論じているが、六波羅探題の研究の軌跡を目的とする本論からは外れるため、ここでは省略したい。人物面から京都守護が、（一）頼朝側近（⑴a時政、⑵a能保）より、（二）北条氏の血縁（擬制的）者（⑴b朝雅型）への傾向を示しており、この変質の原因が執権政治の成立であり、この意味では、六波羅探題の成立は、（三）北条一族（血縁者）の独占的派遣を意味しているという。

南北両六波羅探題の性格

上横手は、南・北の二人が派遣されたことの意味は、京都守護の場合は、耳目的な⑵bと、爪牙《そうが》的な⑴bとの併置が見られ、異質的な対等者の配置を通じて、相互の協力と掣肘《せいちゅう》によって、地方行政の実をあげ得る事こそ、複数制の効用であると述べる。しかし、①南北両六波羅は、両者相互に地位・部門・地理的管轄・月番等、職掌上の相違はまったく見られない。②南方は往々欠員があり、空任期間二十二年に及んだ例さえある。③純粋に機能についていえば探題は北方のみで十分であるという結論をひき出せる。④六波羅南・北の関係は、南方の附随的地位は否定できない。⑤六波羅探題の首長は、血縁擬制の危険に代うるに、惣領制的な族的結合を意図して、二名の派遣を得た。⑥六波羅探題がこの時代の終わりまで、関東の出先機関として終始し、独立した政治権力を形成しなかったのは、強固な得宗家による惣領権であった。

上横手は、以上のように南北両六波羅探題の性格、複数制が採用され独立した権力となりえなかった理由などを述べている。しかし、①と④は真逆な指摘であり、南北両六波羅探題に関する上横手の結論には問題がある。

上横手は「成立」の結びで、以下のようにまとめている。そのまま引用してみたい。

本稿は所謂《いわゆる》六波羅探題の設置なる事件の歴史的意義を明らかにする事を目的とした。その際、六波羅探題の先蹤《せんしょう》機関としての京都守護より、六波羅探題への変質を明らかにすると言う方法を取り、㈠裁判権、㈡御家人統制、㈢探題の首長の三つの観点にたって、その変質を指摘し、その原因として承久の変・執権政治の構造の一端を分析したのである。

上横手論文「成立」は、六波羅探題の成立に関する最初の専論であり、その研究史上の意義は高い。その後の研究にも多くの影響を与えていく。上横手は、六波羅に関する二番目の研究である「構造」で、六波羅探題の構造と変質を論じる。

六波羅の法制整備

承久以後の六波羅探題の裁判権・御家人統率権の強化は、変後一挙に飛躍がなされた訳ではなく、評定衆・引付頭以下宛然《えんぜん》（そっくりそのまま）小幕府の観ある多くの付属機関も徐々に設置されたものであり、先ず必要なのは生誕した六波羅の動向を方向づけることにあると上横手は述べる。

承久の変の結果、幕府は国家の実質的な統治者に転じ、本所勢力と武士勢力を調停する権力と化した。御家人濫妨停止の、寺院への強硬な態度も、公武両世界の対立抗争の中で、その併存を維持し、擁護する超越的調停権力たらんとする幕府のもつ二つの顔であり、承久直後の六波羅は、この幕府の方針を忠実に実行した。六波羅の特異な重要性はこの抗争が具体的に展開される西国を管轄する点にあったとする。

承久役後のこの事態を、六波羅にあって観望した泰時は、かかる事態に対応して編纂され発布されたのが貞永式目であり追加法であると上横手は述べる。新編追加法所収の六波羅宛法令のほぼ八割が、寛喜（一二二九～三二）―建長（一二四九～五六）の約二十年間に集中し、内容の多くが守護地頭の問題であることは、関東の六波羅経営の力点を鮮明にすることができ、この時期が六波羅の法制整備の時期であるとする。

裁判機関としての六波羅

初期の六波羅裁判では関東の指示が強く、六波羅が単独で裁判するが如きは稀であったが、六波羅が裁判らしきものを始めたのは嘉禄（一二二五～二七）以後であったという。

嘉禎元年（一二三五）の備後国大田荘《おおたのしょう》における地頭・預所の給田をめぐる高野山と地頭太田氏との相論では、関東は六波羅に御教書を発し、直に実地検証を行って結果を報告するように、また係争者には関東の下知が下り、六波羅はこれを施行するばかりであった。この裁判は当時の六波羅の地位を的確に示しており、六波羅は太田荘に近いという理由で、㈠裁判進行の参考資料を提供し、㈡当事者に対する関東の判決を施行する二次的取次機関にすぎなかったという。

六波羅裁判権の確立過程において、上横手が徴証（あかしとなる証拠）となる時期と考えるのは、佐藤進一も重視する正元元年（一二五九）六月十八日の関東御教書（『鎌倉遺文』⑪八三八八号、『中法史』①追加法三二四条）である。「殊重事」以外、西国雑務は西国で処理せよという御教書であるが、石井良助が始めてこの史料の意義を発見し、この法令の結果、尾張以西が例外を除いて完全に六波羅の管轄に入ったとされ、もし西国訴訟が関東にもち込まれた場合、六波羅に移送されたと評価した。しかし、現実の史料は鎌倉時代末期まで多数の西国訴訟が関東で裁かれている。このため、佐藤進一は、六波羅管轄区域の訴訟が関東で裁かれた事例を六種類に類別し、それらが「殊重事」とされた。上横手は、佐藤の見解を帰納的で便宜的と批判し、独自の試論を展開する。

石井・佐藤両氏は、追加法の「西国雑務」を雑訴と解釈しているが、上横手は「雑務」を所務・検断とならぶ法律用語の「雑務」、すなわち石井の定義による「債券関係・動産関係の訴訟」の意味ととらえ、当時にあっては比較的重要でない動産訴訟たる「雑務」が、先ず六波羅に移管されたと解釈したのである。傾聴すべき理解であると思う。ただし、上横手も述べているが、正元元年の御教書だけでは判断できず、また「雑務」を雑訴と解する用例も見られるので仮説として提案するという。仮説として論じていた内容がいつの間にか実証されたことになってしまうという、最近の論文でよく見られる論法と比較すると、抑制的で誠実であると考える。

正元元年の御教書をいかに解釈するにせよ、上横手は六波羅の権限が強化される一階梯であるとする。同時期の弘長二年（一二六二）に、検察面で六波羅の権能が公武を問わず、京都全域の犯罪に適用されるに至ったこと、関東より六波羅宛の指示がこの頃より著しい減少が示すこととともに、六波羅にとってこの時期に特殊な意義を与えると上横手は述べる。

裁判面における六波羅の独立は、永仁（一二九三〜九九）以後約十年間で完成すると上横手は述べる。現象としては、佐藤が指摘する六波羅の評定衆・引付・引付開闔・検断方等の諸機関が文永（一二六四〜七五）―正安（一二九九〜一三〇二）の頃に設置されているように、訴訟機関の整備であり、関東より六波羅への指示の減少である。また、西国の訴訟が関東にもち込まれる場合も、多くが六波羅の仲介を経ている事実である。

六波羅への関東の制約

六波羅裁判権の独立が次第に進められていったにせよ、六波羅への関東の制約は極めて大きかったという。例えば、六波羅の構成要員にしても、後藤氏・小田氏のような関東世襲の評定衆・引付衆が多く採用され、裁判という特殊技能、専門的知識に堪能な人物が、関東の事務職員以外から求めがたかったという理由もあるが、最も根本的には六波羅が関東によって補強も制約もされたという事情からである。

六波羅は御家人科罪の権利をもたなかった。もしそれを持つとすれば、六波羅と御家人の関係は主従関係に近いものとなる。六波羅は幕府の惣領制的な一族配置による集権的地方支配の一環として、西国制圧に必要な最低の権能を賦与された幕府政治の請負機関にほかならなかったと上横手は結論する。

篝屋守護人の設置

六波羅軍事力としての在京人の重要性は、京都守護時代と同じであるが、暦仁元年（一二三八）の篝屋《かがりや》守護人の設置は大きな画期であった。それは、在京御家人を六波羅の下部機構として編成することを意味し、その内容・人数は四八か所、二五〇〇人以上にのぼったとされる。篝屋に対する幕府の方策も積極的で、御家人に対する罰則として篝屋用途を勤仕させ、また篝屋用途を賦課した地には、関東公事、守護入部を免除する等であり、暦仁より仁治に至る数年間で篝屋は一応完成を見たという。

その後、弘安以前に検断方が設置され、正和二年に独立し、探題の被官が頭人となって検断訴訟を行うとともに、此等在京人を指揮して治安維持にもあたったという。上横手は、六波羅の組織を次のように図示する。

探題（A）
- 関東の事務官（B）…裁判
- 探題の被官（C）…在地（京）の御家人…軍事・検察

六波羅の運営面において重要な位置を占めたのは（A）（B）（C）の順であり、在京御家人は末端組織であると上横手は述べる。

六波羅の二つの機能の変化

六波羅の機能は裁判と軍事警察の二面であるが、固定された社会関係が次第に変化し権力支配の枠からはみ出る時、法は法としての機能を喪失し、裁判による合法的解決は次第にその意義を減殺し、軍事検察機能の占める地位が大きくなり、それは正中の変以後において特に顕著であると上横手は述べる。

六波羅の軍事検察機能の活発化の一契機は、両統迭立問題の表面化、より本質的、直接的な契機は、畿内を中心とする悪党の蜂起という。幕府の出先機関として、反幕勢力の強い畿内に位置した六波羅は、先ずその防波堤の役を演じなければならず、軍事機能の活発化を迫られ、元弘の変に際しては、ほとんど幕府から独立した形で防戦につとめることになる。

両統の皇位争奪・悪党・命令違背・不満・反感……かくして六波羅は近江の番場において幕府に殉じたという。

3　鎮西における六波羅探題の権限——瀬野精一郎の研究

瀬野精一郎（せのせいいちろう）とは

瀬野精一郎は、昭和の戦後に活躍した歴史家で、昭和六年（一九三一）七月二十日に長崎県佐世保《させぼ》市に生まれる。同二十九年三月に九州大学文学部国史学科を卒業し、同三十二年に同大学大学院修士課程を修了、同助手となる。同三十五年に東京大学史料編纂所教務職員となり、同三十七年助手、同五十一年に助教授となる。翌年に早稲田大学文学部助教授、同五十七年に教授となり、平成十四に同大学を定年退職する。この間、昭和五十三年に「鎮西御家人の研究」で、早稲田大学より文学博士の学位を授与される。

主要著書に、『鎮西御家人の研究』（吉川弘文館、一九七五年）、「足利直冬」（吉川弘文館・人物叢書、二〇〇五年）、『松浦党研究とその軌跡』（青史出版、二〇一〇年）、『『鎌倉遺文』の研究』（東京堂出版、二〇〇五年）、『鎌倉幕府と鎮西』（吉川弘文館、二〇一一年）など多数ある。研究書以外でも、歴史学に関わるエッセイを数多く執筆され、それらをまとめた『歴史の陥穽《かんせい》』（吉川弘文館、一九八五年）、『歴史断想』（東京堂出版、一九九七年）、『歴史の余燼《よじん》』（吉川弘文館、二〇一五年）などが刊行されている。

また、史料集や目録類も多数編集され、主要なものに『鎌倉幕府裁許状集』上下巻（吉川弘文館、一九七〇年）、『九州地方中世編年文書目録・南北朝時代篇』（吉川弘文館、一九七四年）、『肥前国神崎荘史料』（吉川弘文館、一九七五年）、『南北朝遺文・九州編』全七巻（東京堂出版、一九八〇年〜九二年）、『備後国大田荘史料』（吉川弘文館、一九八六年）、『鎌倉遺文無年号文書目録』（東京堂出版）、『松浦党関係史料集』全四巻（続群書類従完成会、八木書店、一九九六年〜二〇〇九年）、『日本荘園史大辞典』（吉川弘文館、二〇〇三年）、『花押・印章図典』（吉川弘文館、二〇一七年）などがある。

鎮西に関する六波羅探題の発給文書

瀬野精一郎の代表的編著として『鎌倉幕府裁許状集』上下巻がある。上巻は関東裁許状篇で三六九通が、下巻には六波羅裁許状八九通、鎮西裁許状二四五通が掲載されている。瀬野は、幕府・六波羅・鎮西探題の発給文書に精通しており、その博捜の結果、鎮西に関する六波羅探題の発給文書を七三通紹介している。

瀬野によると、鎮西に関する六波羅探題発給文書の初見は、六波羅設置の六日後の承久三年六月二十二日、肥前国《ひぜんのくに》佐嘉《さが》御領《ごりょう》内末吉名《ないすえよしみょう》における不法狼藉《ろうぜき》を禁じ、その交名の注進を命じたもの（『鎌倉遺文』⑤二七五八号、『龍造寺文書』）である。また、下限は正中二年（一三二五）三月十三日六波羅御教書案（『鎌倉遺文』㊲二九〇四三号、『国分寺文書』）であるが、この文書は薩《さつ》摩国《まのくに》国分寺《こくぶんじ》領家《りょうけ》安楽寺《あんらくじ》と薩摩国御家人国分友貞《こくぶともさだ》との和与について、綸旨と内大臣西園寺《さいおんじ》実衡《さねひら》消息を鎮西探題北条英時《ひでとき》に伝えたもので、六波羅探題の権限が鎮西に及んでいることを示すものではないという。

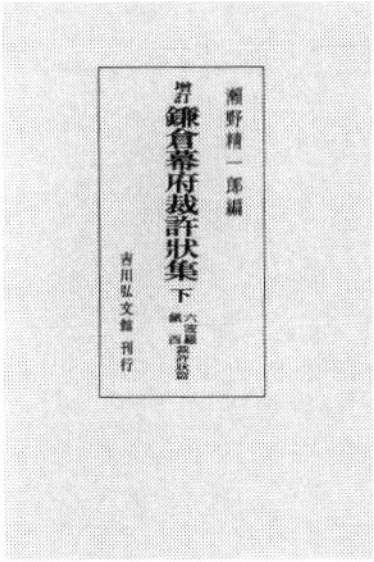

瀬野精一郎著
『増訂鎌倉幕府裁許状集』下
（吉川弘文館、1987年）

六波羅北方の北条兼時《かねとき》が北条時家とともに、異国警固のための特命を帯びて鎮西に下向した正応六年（一二九三）三月をもって、それまで六波羅探題が鎮西に有した権限は終結した。さらに後の鎮西探題の設置によって、六波羅探題が有した権限は鎮西探題に継承されたという。
六波羅探題が設置された承久三年六月より、その権限が消滅した正応六年三月までの間、六波羅探題が鎮西において行使した権限について、瀬野の検討を見ていこう。

瀬野精一郎著
『鎮西御家人の研究』
（吉川弘文館、1975年）

鎮西に関する六波羅探題の権限

鎮西に関する六波羅探題発給文書の大半は関東の命令を施行する内容であるが、六波羅が鎮西統治に自主的判断で発給した文書もわずかながら認められるという。

六波羅探題設置当時、北条泰時は西国統治に積極的にのぞみ、鎮西においても各地で武士の狼藉を禁じる命令を発している。六波羅が単なる訴訟機関としてではなく、御家人統率を目的として設置されたことはもちろんであるが、幕府の六波羅の権限強化の意図にもかかわらず（『吾妻鏡』建長五年四月二十五日条）、六波羅の御家人統率力は弱体化し、西国守護地頭御家人層は裁判、軍事統率両面について、六波羅を越えて関東と直接結びつく傾向が認められるという。

関東所領安堵状の施行

鎌倉幕府が御家人に鎮西の地頭職を宛行《あておこ》なう場合、地頭職補任の将軍家政所下文《まんどころくだしぶみ》は六波羅探題に送られ、さらに六波羅より鎮西各国守護に施行状を付して送り、これを受けた守護はその地方の一般住人にこのことを伝達しているという。この三通の文書が残っている例は稀であるが、上総国御家人深堀能仲《ふかぼりよしなか》が承久勲功《くんこう》の替として、肥前国戸八浦《とはちうら》地頭職に補任された際のものは、この三通が残存しており、鎮西における地頭職補任の手続を知ることができる。中世文書の雰囲気を知ってもらうために、三通を原文のまま以下に例示してみよう。

〔史料8〕　建長七年（一二五五）三月二十八日将軍宗尊親王《むねたかしんのう》家政所下文（『鎌倉遺文』⑪七八六二号、『深堀家文書《ふかぼりけもんじょ》』）

将軍家政所下　肥前国戸八浦住人

補任地頭職事

深堀五郎左衛門尉（能仲）

右、為彼職、守先例、可致沙汰之状、所仰如件、以下

建長七年三月二十八日　　　　案主清原

令右衛門尉藤原　　　　　　知家事清原
別当陸奥守（北条重時）平朝臣（花押）
　相模守（北条時頼）平朝臣（花押）

〔史料8〕の書き下し

将軍家政所下す、肥前国戸八浦住人へ
　地頭職に補任する事
　深堀《ふかぼり》五郎《ごろう》左衛門尉《さえもんのじょう》（能仲《よしなか》）
右、彼職として、先例を守り、沙汰致すべき状、仰すところ件のごとし、以て下す
　建長七年三月二十八日　　　案主《あんじゅ》清原
令《れい》右衛門尉藤原　　　　　知家事《ちけじ》清原
別当《べっとう》陸奥守平朝臣（花押）（北条重時）
　相模守平朝臣（花押）（北条時頼）

〔史料9〕　建長七年五月二日六波羅探題北条長時《ながとき》施行状《しぎょうじょう》（『鎌倉遺文』⑪七八六七号、『深堀家

文書』）

肥前国戸八浦地頭職事

右、任今年月二十八日将軍家政所御下文、可令深堀五郎左衛門尉、施行之状如件、

建長七年五月二日

左近将監（北条長時）平（花押）

〔史料9〕の書き下し

肥前国戸八浦の地頭職の事

右、今年月二十八日の将軍家政所御下文に任せて、深堀五郎左衛門尉とせしむべし、施行の状件のごとし、

建長七年五月二日

左近将監《さこんのしょうげん》平（花押）（北条長時）

〔史料10〕　建長七年五月二十三日大宰府《だざいふ》守護所《しゅごしょ》下文《くだしぶみ》（『鎌倉遺文』⑪七八七三号、『深堀家文書』）

（花押）

守護所下　　肥前国戸八浦住人
可早任　将軍家政所御下文旨、令深堀五郎左衛門尉為地頭職事、
右、今年三月廿八日　御下文今日到来語、将軍家政所下、肥前国戸八浦住人、補任地頭職
事、深堀五郎左衛門尉、右為彼職守先例、可致沙汰之状、所仰如件、以下者、早任　御下
文之旨、可令為彼浦地頭職之状如件、
建長七年五月廿三日
権少監惟宗朝臣（花押）
監代大中臣朝臣
監代平朝臣（花押）
監代源朝臣（花押）
監代橘朝臣
監代文屋
監代直
監代清原

〔史料10〕の書き下し

（花押）

守護所下す肥前国の戸八浦住人へ

　早く将軍家の政所御下文の旨に任せ、深堀五郎左衛門尉をして地頭職となすべき事、

右、今年三月廿八日の御下文が今日到来して語る。将軍家の政所下す　肥前国の戸八浦住人へ。地頭職に補任する事。深堀五郎左衛門尉、右、彼の職として先例を守り、沙汰を致すべき状、仰すところ件のごとし、以て下す、てへれば、早く御下文の旨に任せ、彼の浦の地頭職たらしむべき状件のごとし、

　建長七年五月廿三日

権少監《ごんのしょうげん》惟宗《これむね》朝臣（花押）

監代《かんだい》大中臣《おおなかとみ》朝臣

監代平朝臣（花押）

監代源朝臣（花押）

監代　橘《たちばな》　朝臣

監代文屋《ふんや》

監代　直《あたい》
監代清原

〔史料8〕は、深堀五郎左衛門尉能仲を肥前国戸八浦地頭職に補任することを同住人に伝達した六代将軍宗尊親王家の政所下文である。将軍家政所は、公卿政所と同じく、別当・令・知家事・案主の四等官から構成されていたが、署判に花押を加えているのは別当の二人のみである。建長七年の将軍家政所の別当は、執権北条時頼と連署北条重時の二名であり、他の職員である令・知家事・案主はほとんど存在意義を喪失していたことがわかる。

〔史料9〕は、将軍家政所下文を六波羅探題北条長時（連署重時の子）が施行した文書で、当時の探題は長時一名であった。

〔史料10〕は、大宰府守護所が将軍家政所下文を施行し、肥前国戸八浦住人に伝達した文書である。当時の肥前国守護武藤資能は、大宰府少弐の官職を世襲して少弐《しょうに》氏を称し、鎮西奉行として大宰府を支配下に置いていた。そのため、大宰府官人が署名する大宰府守護所下文に袖《そで》判《はん》（文書の最初の部分を袖と呼び、袖に花押を加えることを袖判という）を加えて文書を発給していた。

鎮西御家人の裁判処理

六波羅探題が鎮西において行使した権限のうちで最も顕著に認められるのは、鎮西御家人の訴訟処理の場合であった。西国御家人の関係した相論は、六波羅探題において審理されるのが原則であったが、しばしば直接関東に訴える者が多かったらしく、幕府は文暦二年七月二十三日の六波羅宛関東御教書（『中法史』①追加法八三条、『鎌倉遺文』⑦四八〇〇号）において、六波羅において問注を遂げるべき旨命じたにもかかわらず、地頭が問注を遂げたい旨希望した場合でも京都で遂行すべきであり、それでもなお難渋する場合は、罪に問うことを規定している。

六波羅探題は「西国成敗」を委任されていたにも拘わらず、実際には関東における裁決のために訴訟準備機関の役割を果たしているのが大部分であると瀬野は述べている。鎮西における六波羅の裁判機能に関する瀬野の結論は、佐藤進一の理解とほぼ同じである。以下にその結論部分を引用する。

> 六波羅探題が裁許しても、それだけでは決着せず、いずれも関東の最終的裁許を求めている。幕府が西国成敗は六波羅に裁許させようと努力したにも拘らず、六波羅は下級裁判所に過ぎない存在であったことが知られるのである。そこで幕府の禁令をも犯して、直接

関東の裁許を求める傾向が一般的現象となり、終には鎮西に関する訴訟において、六波羅探題は訴訟準備取次機関的性格を有するに過ぎないものになっている。

鎮西における六波羅探題の権限の消滅

六波羅探題の鎮西における軍事的統率力の弱さ、鎮西奉行、鎮西探題と比較して、鎮西における鎌倉幕府出先統治機関として劣弱であったことは認められるが、鎮西各国守護の上に立って、鎮西全般におよぶ権限を有したものは六波羅探題以外にはないと瀬野は述べる。

劣弱ながらも六波羅探題が鎮西に有した権限に終止符を打ったのは蒙古襲来であったという。幕府は蒙古襲来に備えるため、鎮西に所領所職を有する東国御家人の鎮西下向を命じたため、それまで鎮西守護職を有しながらも下向しなかった守護が下向土着したので、鎮西各国守護の管国支配は強化され、幕府は下向した東国御家人はその所領が所在する守護の命に従って異国防禦にあたることを命じている。

文永十一年（一二七四）蒙古《もうこ》襲来《しゅうらい》の際の実戦の指揮に当たったのは、少弐、大友氏等の守護であり、六波羅探題が実戦を指揮したことを示す史料はない。さらに幕府は建治元年（一二七五）異国征伐のための梶取《かんどり》・水手《かこ》等徴発の権限を少弐経資《つねすけ》に与え、山陰、山陽、南海道の各国守護は、経資の配分を守り、博多に送ることを命じており、また正応六年（一二九三）異国警固合戦進退のための軍事的一切の特命全権を与えた北条兼時、北条時家《ときいえ》の鎮西派遣をもって、六波羅探題が鎮西に有した軍事的統率権は完全に消滅した、と瀬野は述べる。

瀬野精一郎の六波羅探題に関する理解は、佐藤進一の理解をほぼ踏襲しているため、鎮西における六波羅探題の果たした役割も消極的な評価に終始しているといえる。しかし、正応六年に異国合戦の進退のため、軍事的一切の特命全権を与えられて鎮西に派遣された北条兼時が六波羅探題であったことをどのように評価できるであろうか。

4　探題として成立を見なかった——五味文彦の発言

五味文彦（ごみふみひこ）とは

五味文彦は、昭和二十一年（一九四六）一月三十日に山梨県甲府市に生まれる。昭和戦後生まれの歴史学者である。同四十三年三月に東京大学文学部国史学科を卒業し、同四十六年に同大学院人文科学研究科博士課程を中退し、同大学文学部助手となり、同四十八年に神戸大学文学部講師、同五十一年にお茶の水女子大学文学部助教授を経て、同五十九年東京大学文学部助教授、平成四年（一九九二年）に同教授となる。同十八年に東京大学を定年退職し、放送大学教養部教授に就任、同二十八年に定年退職する。この間、平成四年に東京大学文学部から「院政期社会の研究」で文学博士の学位を授与される。文学・絵画・書籍など、多様な史料や考古学の成果を活用し、日本中世社会を広い視野で理解する研究を続けている。

主要著書は、『院政期社会の研究』（山川出版社、一九八四年）、『平家物語、史と説話』（平凡社選書、一九八七年）、『鎌倉と京』（大系日本の歴史五、小学館・一九八八年、講談社学術文庫・二〇一四年）、『吾妻鏡の方法』（吉川弘文館、一九九〇年）、『中世のことばと絵―絵巻は訴える』（中公新書、一九九〇年）、『藤原定家の時代―中世文化の空間』（岩波書店、一九九一年）、『武士と文士の中世史』（東京大学出版会、一九九二年）、『日本中世史』（日本放送出版協会、一九九二年）、『絵巻で読む中世』（ちくま新書、一九九四年）、『大仏再建―中世民衆の熱狂』（講談社選書メチエ、一九九五年）、『殺生と信仰―武士を探る』（角川選書、一九九七年）、『『徒然草』の歴史学』（朝日選書、一九九七年）、『「春日験記絵」と中世―絵巻を読む歩く』（淡交社、一九九八年）、『平清盛』（吉川弘文館・人物叢書、一九九九年）、『武士の時代』（岩波ジュニア新書、二〇〇〇年）、『明月記の史料学』（青史出版、二〇〇〇年）、『中世文化の美と力』（中央公論新社・日本の中世四、二〇〇二年）、『梁塵秘抄のうたと絵』（文春新書、二〇〇二年）、『書物の中世史』（みすず書房、二〇〇三年）、『源義経』（岩波新書、二〇〇四年）、『中世の身体』（角川叢書、二〇〇六年）、『中世社会史料論』（校倉書房、二〇〇六年）、『王の記憶』（新人物往来社、二〇〇七年）、『躍動する中世』（小学館・全集日本の歴史五、二〇〇七年）、『日本の中世を歩く』（岩波新書、二〇〇九年）、『後白河院―王の歌』（山川出版社、二〇一一年）、『西行と清盛―時代を拓いた二人』（新潮選書、二〇一一年）、『後鳥羽上皇―新古今集はなにを語るか』（角川選書、二〇一二年）、『鴨長明伝』（山川出版社、二〇一三年）、『『枕草子』の歴史学―春は曙の謎を解く』（朝日選書、二〇一四年）、『日本史のなかの横浜』（有隣新書、二〇一五年）、『文学で読む日本の歴史―古典文学篇』（山川出版社、二〇一五年）、『源実朝―歌と身体からの歴史学』（角川選書、二〇一五年）、『中世社会のはじまり』（岩波新書・シリーズ日本中世史①、二〇一六年）、『文学で読む日本の歴史―中世社会篇』（山川出版社、二〇一六年）、『文学で読む日本の歴史―戦国社会篇』（山川出版社、二〇一七年）、『日本の歴史を旅する』（岩波新書、二〇一七年）など、膨大な著作がある。

また、論文集やシリーズものの編集も多数あり、山川出版社の高校日本史Bの教科書『詳説日本史』を長年にわたり執筆するなど、歴史学会のみならず、歴史教育や出版活動に多大な影響を残した。『中世のことばと絵』（中公新書）でサントリー学芸賞、『書物の中世史』（角川書店）で角川源義賞、『現代語訳 吾妻鏡』（吉川弘文館）で毎日出版文化賞を受賞している。

五味論文所収
石井進編『中世の人と政治』
（吉川弘文館、1988年）

鎌倉幕府の政治構造と体制

五味文彦が六波羅探題に関する大胆な発言を行った論文は、「執権・執事・得宗——安堵《あんど》と理非——」（石井進編『中世の人と政治』収録）である。

鎌倉幕府の政治体制を将軍独裁・執権政治・得宗専制の三つの段階で捉える見方は、今日ほぼ定説化しており、三つの時期区分は、政治の決定の主体がそれぞれ将軍・執権・得宗にあった時期を問題としている。五味は政治決定の主体を見究めることは容易ではないとし、単に名目上では、一貫して鎌倉殿＝将軍だったと述べる。

「安堵」の権能と「理非」の成敗権の二側面から鎌倉幕府の政治構造と体制を考えることが五味論文の目的である。

「執事御方下知」と「公方御下知」

越後国沼河郷《ぬまかわごう》（新潟県糸魚川《いといがわ》市）にある白山寺《はくさんじ》の供僧《ぐそう》らが地頭との相論において「公方祈祷所」であることを主張するため、「北条殿并右京大夫殿御下知」と称する文書を証拠として提出したところ、幕府は、それには「仰」の詞がないので、「公方御下知」には準ぜられないと、白山寺の訴えを棄却してしまったという。

五味は、これを『吉田家本追加』に載る、「執事御方下知といえども、仰《おおせ》の詞（鎌倉殿仰《おおせ》に依りという奉書文言）がないので棄却《ききゃく》する法」という鎌倉後期の傍例が生まれた事例とする。得宗権力が専制化に向かっていた段階に、鎌倉殿＝公方の「仰之詞」が無いという理由で棄却されたのである。

鎌倉時代後期に、北条時政や義時の下知は、執権ではなく「執事御方」の下知と称され、時政や義時の政治的地位は、「執権」ではなく「執事」と認識されていたのである。五味は、執事と執権との相違を、鎌倉幕府の制定した不易法（一定時期以前の判決に形式的確定力を付与することを定めた中世法のこと）から説明する。

御成敗式目が、「右大将家以後代々将軍并《ならびに》二位殿御時」の成敗は「改沙汰」に及ばずと規定し、将軍と二位殿（北条政子）の時の成敗を不易としたのに対し、それ以後の不易法の制定は、「故武蔵前司入道殿（北条泰時）」の「嘉禄元年（一二二五）より仁治三年（一二四二）に至る御成敗の事」、続いて経時・時頼の「寛元元年（一二四三）より康元元年（一二五六）に至る御成敗の事」と執権の代を規準に制定されている（『中法史』①追加法三二一条、四四六条）。「泰時より前の時政と義時の時代は不易法の規準とはされておらず、ここに執事と執権の相違があった」「両者の相違は、執権は幕府の「成敗」の主体であるのに対し、執事は将軍や二位殿の家の「執事」「後見」にすぎない」と五味は述べる。

六波羅は探題として成立しなかった

白山寺供僧の提出した「北条殿并右京大夫殿御下知」には、時政や義時が理非決断の職になかった執事の下知であり、しかも鎌倉殿の「仰之詞」がないことで棄却されてしまった。しかし、事実問題として、泰時以後の関東御教書や関東下知状には常に「仰之詞」が付されているとし、これに対し六波羅探題の発給文書について、次のように五味は述べる。

六波羅の下知状および御教書には（「仰之詞」が）全く付されていないのとは対照的であ

る。京の六波羅探題であり、遠いゆえ鎌倉殿の仰がないのは当然とも言えようが、しかしはるか遠い鎮西の下知状には必ず仰の詞がある。それは、鎮西探題には確定判決権が与えられたため仰の詞が付されているのに対し、それが六波羅には与えられなかったため付されなかったゆえと解される。

さらに、註（9）において、次のように五味は述べる。

鎮西探題の成立をめぐっては、確定判決権がいつ付与されたかが問題とされることが多いが、そのことを探題の要件と考えれば、六波羅にはついに確定判決権は与えられなかったのであるから、探題として成立を見なかったという議論も生まれてこよう。

五味論文は六波羅探題を研究対象とするものではないが、以上の五味論文の発言は、佐藤進一以来の六波羅探題に対する通説がもたらした認識であるといえるであろう。

第三章　通説に対する異論の展開――本格的研究の開始

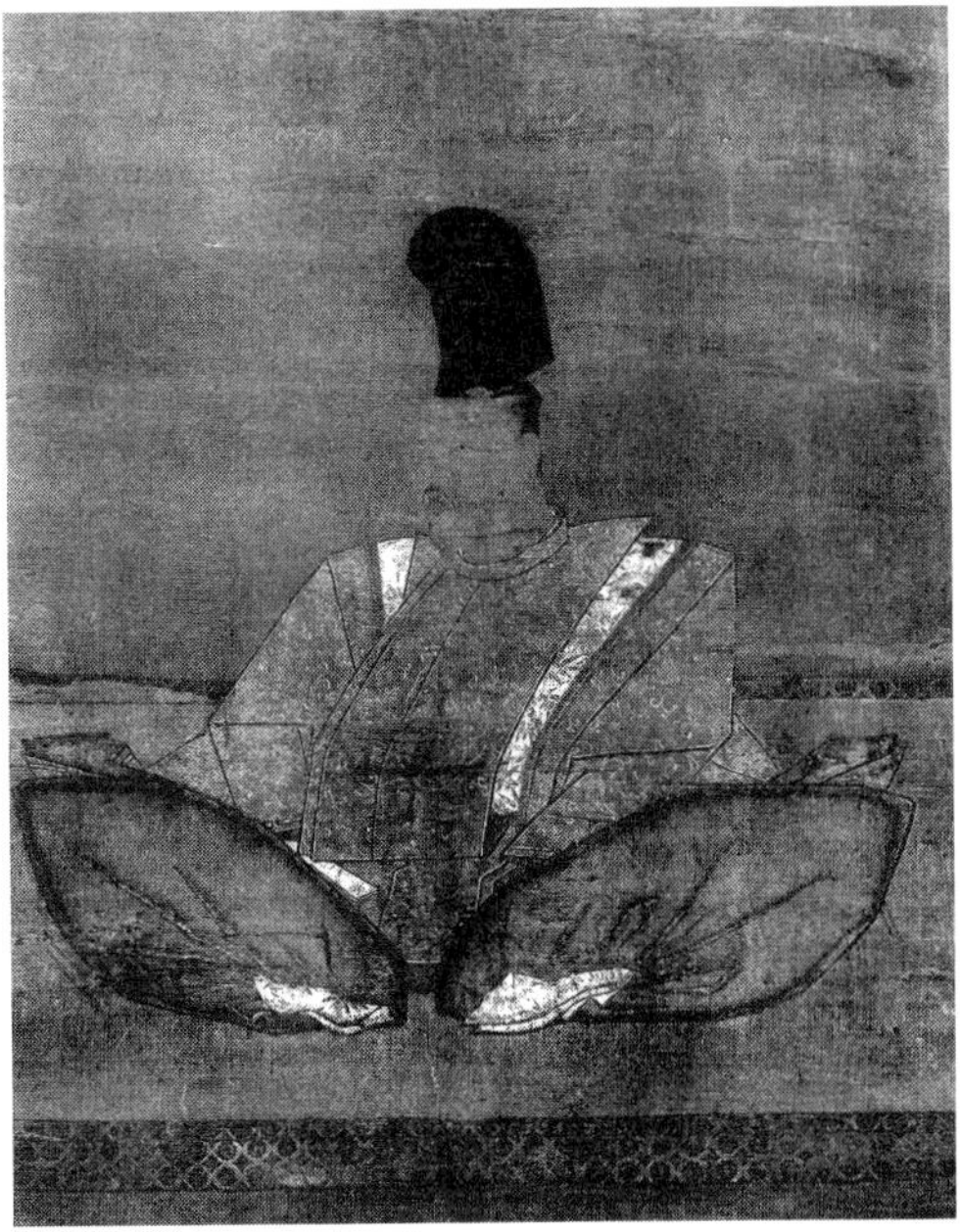

金沢北条氏４代北条貞顕（1278-1333）の肖像。南方（1302-08）・北方（1310-14）と六波羅探題を二度つとめた後に連署に就任、最後の得宗北条高時を10年間も補佐した。嘉暦元年（1326）３月、貞顕は出家した高時に替わりに15代執権に就任するが、高時の弟高家やその外戚安達氏の反感を買い、わずか10日で執権を辞し出家した。探題時代の貞顕は、公家から借用した『たまきはる』『百錬抄』『法曹類琳』など朝廷の歴史や法律に関する書籍を書写・収集している。その様子は、金沢文庫に伝わる642通の貞顕書状から知ることができる。画像は関靖『金澤文庫本圖録』（幽學社、1935年）より転載。

「六波羅探題は鎌倉幕府の下級裁判所である」、「六波羅は関東の下級審に過ぎぬ」、「六波羅は審級上からも遂に関東より独立しえなかった」という佐藤進一《さとうしんいち》の六波羅探題に関する評価は、佐藤が史料を丹念に博捜し、また抑制的で実証主義に基づくその論述は、その後の六波羅探題研究に大きな影響を与えた。本書で紹介した上横手雅敬《うわよこてまさたか》、瀬野精一郎《せのせいいちろう》、五《ご》味文彦《みふみひこ》など、佐藤後の六波羅探題の研究の軌跡で述べた通りである。しかし、佐藤が訴訟機関としての六波羅探題について、筆者が箇条書きでまとめた①と②を再掲すると、

①六波羅評定衆《ひょうじょうしゅう》および引付《ひきつけ》設置に関しては保留とする。
②文永以前の訴訟分類、管轄権分配も不明であり論外とする。

と述べているのである。佐藤の検討した六波羅探題は、主に文永以後の鎌倉時代後期の六波羅探題である。六波羅探題の多角的・多面的な研究は、この時点では充分とはいえない。そのような研究段階で、六波羅探題を「探題として成立を見なかった」とする五味文彦の発言は乱暴であると筆者は思う。

しかし、本書の「はじめに」でも述べたが、一九八〇年代後半頃より、主として鎌倉後期を中心に、六波羅探題に関する実態的な研究が急速に進められた。「六波羅―両使制」の機能から六波羅探題の広域支配機関としての性格を追求した外岡慎一郎《とのおかしんいちろう》の研究、公武交渉における六波羅探題の役割を考察した森茂暁《もりしげあき》の研究、探題・評定衆をはじめとする探題職員に関する森幸夫《もりゆきお》の研究、探題被官の活動の分析から北条氏の西国支配の特質を追求した高橋慎一朗《たかはししんいちろう》の研究。この四人の六波羅探題研究は、ほぼ同時期に論文が発表されているが、六波羅探題の多角的・多面的な研究がまったく不十分であることは、中世史の研究者に共通する認識であったのだといえる。

その後も、六波羅探題発給文書に関する筆者の研究、六波羅探題に関する多面的・総合的な研究により、六波羅探題研究の水準を大きく前進させた熊谷隆之《くまがいたかゆき》の研究、六波羅探題と公武関係を多角的に検討された木村英一の研究などが続々と発表され、中世日本の中心、朝廷＝公家政権の所在地である京都に置かれ、百年以上にわたり西国支配に重要な役割を果たし続けた六波羅探題の研究は、ここにようやく本格化したのである。戦後の六波羅探題研究の通説に対するこれらの異論を、順番に紹介してみたい。

1　「六波羅―両使制」――外岡慎一郎の研究

外岡慎一郎（とのおかしんいちろう）とは

外岡慎一郎は、昭和二十九年（一九五四）に横浜市で生まれる。昭和戦後生まれの歴史学者である。同五十三年三月に中央大学文学部国史学科を卒業し、同大学院に進学、同五十九年三月に同大学院文学研究科博士後期課程を単位取得満期退学し、二年後の同六十一年に敦賀短期女子大学（現・敦賀短期大学）の教員となり、のち教授となる。平成二十五年（二〇一三年）に同大学廃止により退職し、敦賀市立博物館長となる。二〇一八年に文学博士号を取得し、奈良大学文学部史学科教授となる。

主要著書に、『武家権力と使節遵行』（同成社、二〇一五年五月）、『大谷吉継』（戎光祥出版、二〇一六年十月）、『「関ヶ原」を読む―戦国武将の手紙』（同成社、一九一八年二月）などがある。

広域支配機関としての六波羅探題

六波羅探題に関する歴史的評価を一変させ、その後の六波羅研究に大きな影響をもたらした画期的な論文が、外岡慎一郎「六波羅探題と西国守護―〈両使〉をめぐって―」（『日本史研究』二六八、一九八四年十二月）である。外岡は、鎌倉幕府の地方支配は、六波羅探題・鎮西探題といった広域支配機関と、幕府の政治的意思の国別執行人たる守護とによって実現されていて、鎌倉時代後期におけるその様相は、北条氏の惣領的な一門配置を根幹とする集権的地方支配と評価されてきたとする。しかし、この得宗《とくそう》専制―集権的地方支配の対極に、広域支配機関の分権・独立化の傾向が見え隠れすると外岡は述べ、鎌倉時代後期の幕府の地方支配システムを、室町幕府のブロック権力論、幕府―守護体制に近づけて理解することが可能ではないかと提唱する。

外岡慎一郎著
『武家権力と使節遵行』
（同成社、2015 年）

外岡は、かかる仮説を実証するため、「六波羅は関東の下級審に過ぎぬ」、「六波羅は審級上からも遂に関東より独立しえなかった」と評価されてきた六波羅探題が、実は分権・独立化の傾向をはらむ広域支配機関であったことを、六波羅使節である「両使《りょうし》」の分析によって証明しようとする。

「両使」について

分析の対象となる「両使」とは何であろうか。

「両使」とは、鎌倉幕府が所領相論《そうろん》などの裁定を現地で強制執行するため、相論とは中立な御家人二名を使節として現地に派遣したが、これを「両使」と呼んだ。また、幕府の命令・裁定を現地で執行するための手続を「使節遵行《じゅんぎょう》」という。外岡が分析対象とするのは、朝廷・公家政権の命令・裁定を受けて、六波羅探題が現地に派遣した御家人二名のことである。

外岡は、六波羅使節である「両使」の事例を史料から一一〇例検出し、これを分析した。この結果、六波羅管国（西国）のほぼ全域で「両使」の存在が認められること。「両使」は、鎌倉時代の後期、とくに一三〇〇年代に集中して検出されることを明らかにした。

「両使」の機能

外岡の分析によると、「両使」は、荘園領主等の訴訟を契機として開始される六波羅探題の訴訟指揮下に動き、任務終了後は六波羅宛に起請《きしょう》の詞を載せた請文《うけぶみ》を提出した。一一〇例を内容によって、A召符催促など訴訟事務に関する機能、B実検使などの調査・認定機能、C沙《さ》汰付《たづけ》など指令の伝達・執行機能、D悪党人召進などの軍事・検察機能の四つに分類し、六波羅探題の諸機能が「両使」によって執行されるシステムを、鎌倉幕府の地方制度上に位置づける意味で、「六波羅―両使制」という名称を提唱する。

「六波羅―両使制」をめぐる三つの論点

外岡は、「六波羅―両使制」を議論する上での論点を三つ提示する。

第一は、朝廷→関東申次《かんとうもうしつぎ》→六波羅探題→両使という指令伝達・執行ルートに表現される朝廷・幕府・六波羅探題三者の関係である。検討した事例からは、幕府が指令伝達・執行に介入した形跡はなく、六波羅探題による綸旨（天皇が発給した文書）の施行という形態をとる。外岡は、そこに「官軍」（権門体制国家の主要な軍事＝暴力機構）としての「六波羅―両使制」の姿を見る。

第二は、「両使」派遣を含む訴訟手続における六波羅探題と訴人たる荘園領主との関係である。外岡は、六波羅探題における訴訟手続の進行が、荘園領主の強い影響下におかれることを指摘する。例えば、訴人である東大寺側から「両使」一方の交替の要求があれば、要求通りに交替が実現されてしまうという。

第三に、「両使」の機能Dに代表される六波羅探題の軍事・検察的機能の強化である。

三つの論点を検討した結果、外岡は、「六波羅―両使制」の性格は、「基本的には、権門体制国家の軍事＝暴力機構であって、畿内近国に対しとくに強い権能を有する」と結論する。

「両使」の構成

「両使」のように、御家人が訴訟関係の使節に立つことは、大番役勤仕等とならぶ御家人役の一つであったから、「両使」派遣は六波羅探題の御家人統率権にかかわる問題である。「両使」に在京人が起用されるという五味文彦の研究「在京人とその位置」（『史学雑誌』八三―八）があるが、外岡は、検出した「両使」一一〇の事例で派遣された人名を網羅的に検討する。

八九名の検討の結果、「両使」として起用された御家人の多くは在京人であった可能性があり、「六波羅―両使制」は六波羅探題による在京人編成を前提にしたシステムであったと推断する。六波羅探題が独自に御家人科罪権を有したかは議論があるが、外岡は、六波羅探題の指令に対する違背行為＝六波羅探題の注進が御家人科罪の決定要因となっていることから、六波羅探題と在京人との間に一定の支配―服属関係が存在しても不思議ではないとする。

広域支配機関としての六波羅探題

六波羅「両使」の機能と構成に関する検討の結果、外岡は、六波羅探題の歴史的評価について、以下のようにまとめた。

（一）　当初王朝権力の監視をその主な目的として設置された六波羅探題が、西国一般に対する広域支配機関としての性格を強めるとともに、幕府＝関東の意志とはかかわりなく、王朝権力の、いわゆる権門体制国家の軍事＝暴力機構として機能せざるを得ない状況に陥ったこと。

（二）　その結果、六波羅探題は「六波羅―両使制」という強制執行システムを創出し、在京人をその主な担い手としたこと。

西国守護と「六波羅―両使制」

「六波羅―両使制」と西国守護との関係について、外岡には若狭国における事例検討がすでにあるが、若狭国以外の西国守護と「六波羅―両使制」との関係を改めて検討された。詳細な論証は省略するが、西国守護と「六波羅―両使制」との関係を、次の三点にまとめている。

第一に、六波羅一方（両探題の中の一人）探題が守護を兼ねた諸国を含め、北条氏が守護である国々でむしろ「両使」の活動が頻繁であって、北条氏以外の御家人が守護である諸国では反対に「両使」があまり機能していない。

第二に、守護・「両使」両者の活動がともに確認できる諸国では、①守護が機能している幕府指令の内容が軍勢催促《ぐんぜいさいそく》・異国降伏祈祷指令《いこくこうふくきとうしれい》などの軍事的なものに限られる傾向が認められ、②時代を追うにしたがって、軍事的機能に関する諸指令をも「両使」が伝達・執行するようになる。

第三に、六波羅一方探題が守護を兼ねた諸国と長門探題管国では、守護と「両使」の機能が一元化された。

六波羅探題と西国守護の関係の歴史的展開

外岡は、六波羅探題と西国守護との関係を三期に分けて説明する。

第一期：承久三年（一二二一）〜元仁・嘉禄年間（一二二四〜二七）

六波羅探題創設直後の短い期間で、この時期六波羅探題は承久の乱後の戦後処理に専従した。

第二期：元仁・嘉禄年間〜十三世紀末

乱後の処理も一段落し、関東では執権北条泰時の政治改革が進行しつつあった元仁・嘉禄年間に六波羅探題の位置づけも改められ、西国一般に対する統治機関に転生する。引付制の創設・確定判決権の獲得などに象徴される訴訟機関としての整備・拡充にともない、裁判を中心とする統治権的支配に属する諸指令の多くは六波羅探題から直接訴訟当事者に、あるいは守護代・「両使」を通して管国に伝達・執行されるようになり、幕府＝関東→守護→守護代ルートによる伝達・執行は、軍勢催促・異国降伏祈祷指令など主従制的支配権に属する諸指令に限定されてくる傾向が現れる。

第三期：十三世紀末〜正慶二年（一三三三）

「六波羅―両使制」が本格的に機能する時期である。この時期六波羅探題は、本来その管轄外である王朝権力・荘園本所等の訴訟の繁多に追われ、多くの場合幕府＝関東とは没交渉に院宣・綸旨等の強制執行に踏み切った。

六波羅探題と西国守護の関係

外岡は、三期に分けて六波羅探題と西国守護との関係を検討した結果、次の二点を結論とした。

第一に、王朝権力の監視を当初の目的として創設された六波羅探題が、次第に権門体制国家の軍事＝暴力機構としての性格を強め、また、六波羅分国とも称すべき独自の支配地域を形成したこと。

第二に、六波羅探題の直接支配下に入らなかった諸国では、とくに非北条氏分国において一定の守護領国化への動きがみられること、の二点である。

室町幕府と六波羅探題

外岡は前掲論文の「おわりに」で次のように述べる。引用してみよう。

室町幕府は六波羅探題の発展型であるという評価がある。こうした評価は、正慶二年五月、足利高氏等の攻撃をうけて壊滅したのは両探題＝北条氏とその被官等の権力であって、遷代の職たる両探題や探題の異動にともなって異動する検断頭人等の地位にあった探題被官に比して、はるかに京都及び西国の政治・社会情勢に明るかった六波羅奉行人・在京人の多くは、そのまま尊氏に掌握され、開創期の室町幕府の主要構成員となったという事実に基づいている。

本質的には畿内近国政権であったと評される室町幕府の性格もまた、六波羅探題の広域支配機関としてのあり方に大きく規定されていたと言い得るのではないだろうか。

外岡慎一郎の六波羅探題研究

以上、外岡慎一郎の研究を六波羅探題研究の画期として、その論旨を詳細に紹介した。本節の最初で述べたように、戦後の通説において、「六波羅は関東の下級審に過ぎぬ」、「六波羅は審級上からも遂に関東より独立しえなかった」と評価されてきた六波羅探題が、「六波羅―両使制」というシステムを通して、広域支配機関として六波羅分国とも称すべき独自の支配地域を形成し、畿内近国政権であったと評される室町幕府のあり方に大きな影響を与えたとまで述べているのである。六波羅探題の評価を一八〇度転換させたともいえる研究である。

筆者も、六波羅探題発給文書が、幕府とは異なる独自の様式を使用するに至った理由を、朝廷＝公家政権との関係で説明しようと考えたことがある。後述するが、室町幕府初期の発給文書は、六波羅探題発給文書の様式を継承しているのであるが、外岡の理解とも共通する説明が発給文書の点からいえるかもしれない。

しかし、例えば、「六波羅探題と西国守護の関係の歴史的展開」の第二期の説明で、外岡がこの時期の六波羅探題の性格として述べた「引付制の創設・確定判決権の獲得などに象徴される訴訟機関としての整備・拡充にともない、裁判を中心とする統治権的支配に属する諸指令の多くは六波羅探題から直接訴訟当事者に、あるいは守護代・「両使」を通して管国に伝達・執行されるようになり」という部分は、佐藤進一が「六波羅は審級上からも遂に関東より独立しえなかった」と結論する内容を真っ向から否定しており、外岡の説明だけで佐藤論文の理解を否定することは不十分であると考える。

外岡は、本論文と前後して、参考文献に載せたように数多くの研究を発表し、特に「鎌倉末～南北朝期の守護と国人―『六波羅―両使制』再論―」（『ヒストリア』一三三、一九九一年十二月）は、サブタイトルが「『六波羅―両使制』再論」と記されるように、建治三年（一二七七）に行われた六波羅探題の大幅な体制改革と結び付け、六波羅探題の遵行システムは「六波羅―守護・両使制」とも称されるべきで、「六波羅分国」および北条氏一門守護国にあっては両使、外様守護国にあっては守護が遵行にあたる原則がこの改革で成立し、室町幕府の遵行システムもこの遺制の上に成立するという見通しを述べている。

外岡慎一郎の研究は、戦後の六波羅探題研究の通説に対して大きな異論を展開し、その後の六波羅探題の本格的な研究の発展に寄与した。かかる意味で、六波羅探題研究史上の画期的な論文という評価をくだすことができると思う。

2　公武交渉における六波羅探題の役割――森茂暁の研究

森茂暁（もりしげあき）とは

森茂暁は、昭和二十四年（一九四九）九月九日に長崎県で生まれた。昭和戦後生まれの歴史学者である。専門は中世の政治と外交である。昭和四十七年三月に九州大学文学部史学科を卒業し、そのまま大学院に進学、同五十年に同大学院文学研究科博士課程を中退し、同五十四年まで同大学助手をつとめ、翌年に文部省教科書検定課に勤務し、同五十九年に同省教科書調査官を経て、翌年に京都産業大学教養部助教授に就任。昭和六十年に九州大学から「南北朝期公武関係史の研究」で文学博士の学位を授与される。平成三年（一九九一）に山口大学教養部助教授を経て、同大学人文学部教授となり、同八年より福岡大学人文学部教授となり現在に至る。

主要著書は、『建武政権―後醍醐天皇の時代』（教育社歴史新書、一九八〇年十一月。二〇一二年に講談社学術文庫として改訂版を再刊）、『南北朝期公武関係史の研究』（文献出版、一九八四年六月。二〇〇八年に思文閣出版より増補改訂版を再刊）、『皇子たちの南北朝―後醍醐天皇の分身』（中公新書、一九八八年七月。二〇〇七年に中公文庫として刊行）、『鎌倉時代の朝幕関係』（思文閣出版、一九九一年六月）、『太平記の群像―軍記物語の虚構と真実』（角川選書、一九九一年十月。二〇一三年に角川ソフィア文庫として再刊）、『佐々木導誉』（吉川弘文館・人物叢書、一九九四年九月）、『闇の歴史、後南朝―後醍醐流の抵抗と終焉』（角川選書、一九九七年七月。二〇一三年に角川ソフィア文庫として再刊）、『後醍醐天皇―南北朝動乱を彩った覇王』（中公新書、二〇〇〇年二月）、『満済―天下の義者、公方ことに御周章』（ミネルヴァ書房、二〇〇四年十二月）、『南朝全史―大覚寺統から後南朝へ』（講談社選書メチエ、二〇〇五年六月）、『中世日本の政治と文化』（思文閣出版、二〇〇六年十月）、『南北朝の動乱』（吉川弘文館・戦争の日本史8、二〇〇七年九月）、『室町幕府崩壊―将軍義教の野望と挫折』（角川選書、二〇一一年十月。二〇一七年に角川ソフィア文庫として再刊）、『足利直義―兄尊氏との対立と理想国家構想』（角川選書、二〇一五年二月）、『足利尊氏』（角川選書、二〇一七年三月）など多数ある。

鎌倉期の公武交渉関係文書

外岡慎一郎の研究と前後して（発表は森茂暁論文が三か月早い）、森茂暁は、「鎌倉期の公武交渉関係文書について―朝廷から幕府へ―」（『金沢文庫研究』二七三、一九八四年九月）で鎌倉期の公武交渉関係文書を詳細に検討し、南北朝期に北朝と室町幕府との間の交渉は建武四年（一三三七）～永徳二年（一三八二）の間、鎌倉期のそれと同様の方法をとっていたことを明らかにした。南北朝期の公武交渉の方式に連続する鎌倉期のそれを、関係文書の機能論的操作によって、主として関東申次の役割に焦点を当てて究明し、そのような方式がいつ成立したかを検討した。

森茂暁著
『鎌倉時代の朝幕関係』
（思文閣出版、1991年）

森茂暁は、関東申次が勅裁を幕府・六波羅に伝達するための文書である関東申次施行状《せぎょうじょう》の成立は、建治・弘安年間（一二七五～八八）の西園寺《さいおんじ》実兼《さねかね》（実氏《さねうじ》の孫）の時代で、それが幕府向けであるときは直状の施行状を用い、六波羅探題向けであるときは家司の奉書を用いると、その様式上の区別を指摘した。また、「朝廷より幕府・六波羅探題への文書伝達」一覧表に収録された関東申次施行状の宛所を見ると、すべて執権・探題本人に宛てられている。以後、かかる様式の施行状が南北朝期の武家執奏施行状にいたる約百年間におよんで使用されたと森は述べている。

しかし、以前拙稿Dで述べたが、北条長時探題期に西園寺家家司である前石見守中原友景《さきのいわみのかみなかはらともかげ》奉書が、勅裁である院宣《いんぜん》を六波羅探題に伝達するための文書を発給しており、宛所は探題長時本人ではなく探題被官（佐治・安富）宛であるが、西園寺家家司《けいし》の奉書という様式で発給された関東申次施行状と呼んでもよい文書ではないかと指摘した。

その後、森茂暁は、前稿および外岡慎一郎の「六波羅─両使制」に関する研究を受けて、公武交渉における六波羅探題の役割を検討する。森は『沙汰未練書』が記す「洛中警固并西国成敗」が六波羅探題の役割における二本柱であるとし、「公武交渉における六波羅探題の役割─『西国成敗』とその周辺─」（『古文書研究』二八、一九八七年十二月）と「公武交渉における六波羅探題の役割─『洛中警固』とその周辺─」（『日本歴史』四七七、一九八八年二月）の二本の論文を立て続けに発表した。

六波羅探題独自の活動

森茂暁は、「従来の六波羅探題の管轄権についての研究は、その制度・権限の面での整備・強化の過程を詳しく実証しながらも、関東の訴訟制度より受ける制約的側面を強調するあまり、六波羅独自の活動にさほどの注意を払ってきたとはいえない」と述べ、外岡が述べる「王朝権力の意志を強制執行する役割」を担った積極的評価なしには、六波羅の性格を総体的にとらえることは困難とし、六波羅が関東の指示を仰ぐことなく、独自の裁量において活動した足跡を探っていく。

六波羅探題が王朝権力の意志執行《いししっこう》に早い時期から、しかも深く関与していた事例として、森は、寛喜元年（一二二九）三月二十日六波羅御教書写（『鎌倉遺文』㊹五〇九七五号、『疋田家文書《ひきたけもんじょ》』）をあげる。関連史料と合わせた森の検討によると、肥後国住人が守護・地頭の威を借りて新儀交易をするので、これを停止すべく大山崎《おおやまざき》住人が朝廷に提訴したこの裁判は、後堀河天皇綸旨《りんじ》と殿下《でんか》（九条道家《くじょうみちいえ》）御教書を介して六波羅探題に移管し、関東の介在を許すことなく、六波羅によって処置されているという。

六波羅をめぐる西国の政治・社会情勢の変動に伴って六波羅の地位と権限が上昇すると、本来的には鎌倉幕府の出先とはいえ、西国成敗の中枢機関としての六波羅の役割に公武の大きな期待が寄せられ、訴訟処理の任務を課されるようになるのは当然のなりゆきと森は述べる。

「西国成敗」とその周辺

王朝の裁許の圏内に属する訴人（原告）は、論人（被告）が武家に属するような場合、綸旨や院宣を六波羅に遣わしてくれという文言付きの訴状を王朝の裁判所に提出することによって、実質的には六波羅への提訴を行った。

森は、東洋文庫所蔵の『兼仲卿記《かねなかきょうき》』紙背文書（『鎌倉遺文』㉓）を事例としてあげる。七条《しちじょう》院《いん》法花《ほっけ》堂《どう》領《りょう》筑前《ちくぜん》国《のくに》殖木《うえき》荘《のしょう》をめぐる裁判の王朝への訴状の事書に、「綸旨を武家（六波羅）に申し下さんと欲す」とあるような、綸旨で六波羅探題の裁許機関に係属してもらおうと要請する文言が記されるが、この文言は訴訟管轄で王朝側に属する訴人が申状（訴状）を朝廷を介して六波羅に付すための常套句とし、このような文言を備える申状の出現と定着化は、手続の面で王朝が重要な役割を果たすとはいえ、実質的には六波羅が王朝の訴訟機関としての役割をも課されたことを意味すると述べる。

森は、事例とした『兼仲卿記』紙背文書の年代を正応五年（一二九二）としているが、かかる文言を備えた申状の初見は、正応四年十一月日高野山衆徒申状（『鎌倉遺文』㉓一七七六三号、『高野山文書又続宝簡集』）とする。いつまでさかのぼることができるのか。

森は、弘安五年十月東大寺衆徒申状《もうしじょう》（『大日本古文書・東大寺文書之十』、『鎌倉遺文』には未載か）にみえる「諸国山賊以下夜討強盗等の大犯は、皆これ武家の成敗の限なり」および「先例を検ずるに、本所一円の地たりと雖も、本所の沙汰難治の時、武家直に召し取るべき由、院宣を下されるのは承前（以前から）不易の例である」なる文言に注目し、「六波羅は弘安年間にはすでに王朝・本所の喪失したかかる大犯に対する追捕・検断権を代行する役割を負い、それが六波羅の職権行為として一般に認められた」とし、このことは文永～弘安期の著しい社会変動を大きな契機とする、六波羅と西国との関係の一層の深まりとする。六波羅の制度面からみれば、建治三年十二月北条時村の北方就任にあたって制度の充実がはかられ事実もみおとせないと述べている。

六波羅探題独自の裁判権

結論として、森は以下のように述べる。

(一)　六波羅が西国における成敗権を関東に通じることなく行使しえたことは、寺社権門―地頭御家人間の訴訟を自らの職権において裁許した多くの六波羅下知状の存在に明らかである。

(二)　六波羅探題が決して関東の京都出先としてその指令なくしては活動できなかったのではなく、関東の直接支配にかかわる事案はむろん関東の指示を仰ぎ、或は注進を行う一方で、王朝の西国支配権と深くかかわりつつ、探題独自の活動を行っていた。

六波羅の公武交渉史上の役割

森は、従来の六波羅探題研究の重点は、武家訴訟機関としての構成・管轄権、および幕府制度の中での位置づけに専ら置かれており、一方幕府の対京都政策の最前線に立つ六波羅探題の役割にはほとんど目が向けられなかったと述べ、関東と京都との交渉の中で六波羅探題がどのような役割を果たすか、六波羅の公武交渉史上の役割を考察する。

「洛中警固」とその周辺

六波羅探題が京都の治安維持の任務を果たすものとして公家側から大いに頼りにされていたことは、南方二代目の北条時盛《ときもり》が延応二年（一二四〇）に「在京守護」と称されていること（『平戸記《へいこき》』同年正月二十八日条）、北方三代目の北条重時《しげとき》が宝治元年（一二四七）に鎌倉に帰東した際に、「当時、京都守護の棟梁《とうりょう》無きか」（『葉黄記』同年七月三日条）という記事に明らかである。

しかし、森は、「洛中警固」を任務とする六波羅が多くの武力的手段を用いたため、業務遂行の過程で生じた抗争事件が相手の寺社側から関東に訴えられて、一件にかかわった六波羅武士が処罰されることは常に起こりえたとし、関東が六波羅の立場を支持してくれる保証がない限り、探題はその任務遂行の上での矛盾を抱えていたとする。

幕府の京都出先たる六波羅の立場と権限の基本的性格をふまえて、森は「洛中警固」に関する歴代の六波羅探題の事績を追求する。詳細は省略するが、元弘の争乱の中で、関東が光厳天皇以下の関東下向を指示した際に、六波羅は最後の土壇場に至って関東の力に依存しようとしたと述べ、「幕府政治組織上の一行政機関」の域をついに脱しえなかった六波羅の出先としての性格とか、「公武交渉における六波羅の関与の限界」などの評価は、「六波羅探題独自の活動を明らかにする」という森茂暁の一連の研究で目標とした課題の結論としては物足りない感じがする。

3　六波羅探題職員・組織の研究——森幸夫の研究

森幸夫（もりゆきお）とは

森幸夫は、昭和三十六年（一九六一年）に神奈川県平塚市に生まれる。同五十八年に国学院大学文学部史学科を卒業し、平成元年に同大学院博士課程を単位取得退学。同大学より文学博士の学位を授与される。現在、国学院大学非常勤講師。

主要著書に、『六波羅探題の研究』（続群書類従完成会、二〇〇五年四月）、『北条重時』（吉川弘文館・人物叢書、二〇〇九年十月）、『小田原北条氏権力の諸相—その政治的断面』（日本史史料研究会、二〇一二年二月）、『中世の武家官僚と奉行人』（同成社、二〇一六年一月）など多数ある。

『六波羅探題の研究』の出版

はじめにでも述べたように、六波羅探題を主題とする学術論文集は、森幸夫著『六波羅探題の研究』（続群書類従完成会、一九九一年三月）と木村英一著『鎌倉時代公武関係と六波羅探題』（清文堂、二〇一六年一月）の二冊しかない。森幸夫著『六波羅探題の研究』は、日本中世史研究における最初の六波羅探題の研究書であり、かかる意味でも画期的な業績といえる。

　森幸夫は、著書の序章第一節で「六波羅探題の研究史」を的確に整理し、その研究史を踏まえ、第二節「本書の課題と構成」で、著書で解明したい内容や課題を次のように述べている。箇条書きにしてまとめてみよう。

（一）本書では主に南北両探題・六波羅評定衆・奉行人等の職員に焦点を当て六波羅探題を考察する。

（二）近年の研究は、関東の制度を移入しつつも六波羅の訴訟機関が独自の展開を遂げたことを明らかにしている。六波羅探題はその権限が限定され、重事においては関東の指示・命令を受けながらも、武家権力機構として独自な発展を遂げていた。六波羅探題は京都に置かれた小幕府といってもよい。

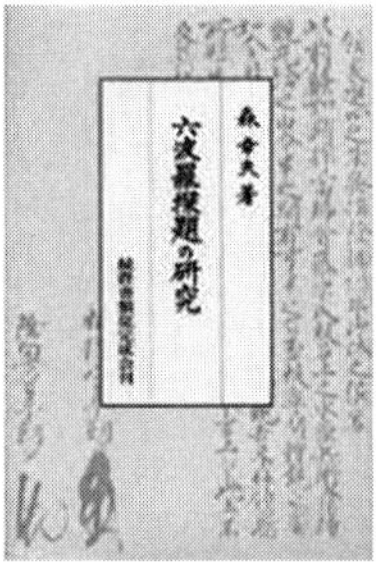

森幸夫著
『六波羅探題の研究』
（続群書類従完成会、2005年）

(三)　六波羅探題の機構をいかなる人々が支えたかについては十分に明らかになっていない。人事は政治の要諦であり、裁判等の政務に携わった六波羅探題職員の解明は基礎的かつ重要な課題である。

(四)　首班である南北両探題をはじめ、どのような御家人たちが六波羅評定衆・同引付頭人、あるいは奉行人として六波羅の政務に関わったかを明らかにする必要がある。

(五)　六波羅奉行人や在京人の多くが室町幕府に引き継がれるという事実やその理由について、六波羅職員の構成や動向等を探るなかでその解答を見出すことが可能と考える。

(六)　本書では、以上のような研究史の現状や問題関心に基づき、探題以下の六波羅探題職員を中心に考察し、六波羅探題の発展過程や関東・鎮西探題と異なる独自の政治権力組織としての在り方等について実証的に明らかにしてみたい。

森幸夫の六波羅探題の研究のすべてを紹介し、その意義と課題を明らかにしたいが、内容や論点が多岐にわたるため、本書で紹介・検討したい内容は、「南北両六波羅探題についての基礎的考察」(『国史学』一三三、一九八七年十二月)で考察された両探題に関してと、「六波羅探題職員ノート」(『三浦古文化』四二、一九八七年十一月)・「同・補遺」(『国学院雑誌』九一―八、一九九〇年八月）で考察された六波羅探題職員に関しての二つである。

南北両六波羅探題についての考察

森は、南北両探題は、執権の連署に対する如く、機能上、南北両探題の一方が他方に対して優越する地位にあったのか、職掌上の差異が存在したのかなど、六波羅の首班者である探題に関する基礎的研究は、意外にも看過されてきたと述べる。

北方探題と南方探題との権限等をめぐる政治的関係について、見解を示しているのは上横手雅敬のみである（本書第一章第二節を参照）。

上横手は、①南北両探題の職掌上の差異を否定、②北方の南方に対する優越的な地位、の二点を結論とした。森は、『建治三年日記』十二月二十五日条で、京都大番役および篝屋の統轄に南北両探題が各々の被官を以て当たるように定められていることを根拠に、上横手①説を肯定するが、上横手②説は同意できないとする。

森は、上横手②説の根拠が「南方は往々欠員があった」点に置かれていることを批判する。南北両探題がそろって置かれていた期間における両者の関係を厳密に考察する必要があるとして、『六波羅守護次第』（尊経閣文庫《そんけいかくぶんこ》所蔵）をその検討素材とする。

「執権探題」なる地位

森は、南北両探題のうちの一方が執権なる地位にあり、執権には六波羅設置以来、北方探題のみが任ぜられていたが、永仁五年（一二九七）の大仏宗宣に至り、南方も任命されるようになった、と結論した。

その根拠は、①『六波羅守護次第』の七代南方探題大仏宗宣の項に「承久以後為南殿執権是始也（承久以後に南方が執権となるのは最初である）」と記されている事。②『六波羅守護次第』の北条兼時（弘安十年北方）・久時（永仁元年北方）の項に「移北方執権」「為北方執権」と記され、両者がともに関東の執権・連署に就任していない事。この二点から『六波羅守護次第』に記された「執権」とは、六波羅探題における「執権」＝「執権探題」と断じた。

森は、さらに六波羅探題宛の発給文書を精査し、関東（幕府）→六波羅の場合は両探題を宛所としているため両探題の関係は不明であるが、③朝廷（関東申次）→六波羅の場合は執権探題一名を宛所としており、執権探題は両探題のうちのリーダー的存在、公武交渉の直接の当事者と結論している。

以上、上横手説②が成立しないことが明らかになったが、森説は成立するのだろうか。

森説の検討

森の研究は鎌倉後期を中心に立論され、六波羅探題初期・中期については具体性を欠いている。③の根拠も弘安五年（一二八二）以降の関東申次施行状が示されているにすぎず、これ以前の根拠は『六波羅守護次第』大仏宗宣の項に記された「承久以後為南殿執権是始也」の記事一点のみである。『六波羅守護次第』の成立が鎌倉末の延慶元年（一三〇八）であるならば、六波羅初期・中期の両探題の関係をこの史料のみで実証することはできない。森説は鎌倉後期については首肯し得るが、それ以前は再検討の必要がある。

森は、関東→六波羅宛の発給文書は両探題を宛所としたとされるが、これは事実誤認である。北条泰時・時房探題期の関東→六波羅宛の発給文書（関東御教書）を検討すると、当該期の関東→六波羅宛の発給文書はすべて時房・泰時単独に宛てられ、しかも貞応二年（一二二三）七月までは一通を除き時房宛である。

六波羅探題成立以来、幕府の指示・命令が両探題宛でなく主に時房単独に宛てられた事実は、少なくとも貞応二年七月までは、南方の北条時房が「執権探題」であったことを示しているのではないか。興福寺・東大寺別当など権門宛の書状が時房単署で発給されたことも公武交渉の直接の当事者としての時房の役割を示している。

六波羅探題職員ノート

森幸夫の二つ目の六波羅探題研究を検討してみよう。「六波羅探題職員ノート」「同・補遺」である。森は、六波羅探題職員の網羅的抽出を行い、その結果を基にして考察を加える。まず、森は『沙汰未練書』に基づいて、六波羅探題の組織・構成を次のように図示する。

探題
- (1)評定衆
- (2)引付方（五方《ごほう》、頭人・上衆・開闔・奉行人）
- (3)検断方（頭人・奉行人）

(1)～(3)の諸機関が関東の制度を移入したものであり、漸次設置されていくことは佐藤進一が明らかにした。森が六波羅探題職員と称するのは、(1)～(3)の諸機関に配属された人々である。以後、森は古文書・日記などの史料を博捜し、六波羅探題設置からその滅亡に至る百十三年間の六波羅職員を、在職確定者が二一一名、在職推定者が八八名で、合計で二九九名抽出する。まことに頭の下がる作業であり、森の緻密な実証力があふれている。このデータを分析し、森は六波羅探題の発展過程、各職とその職員の特徴を明らかにしていくが、森の考察の過程を追ってみよう。

六波羅探題の発展過程

　六波羅の訴訟奉行人で実名がわかる最初は、佐藤進一がすでに注目しているが、森が作成した「表1」（「六波羅探題職員ノート」所収）の寛元二年（一二四四）に掲載された奉行人中津川《なかつがわ》弥《や》二郎《じろう》源《みなもとの》家経《いえつね》・大膳進《だいぜんのじょう》源《みなもとの》季定《すえさだ》・勘解由《かげゆ》入道了念《にゅうどうりょうねん》の三名である。鎌倉末期には、六波羅奉行人は、斎藤・飯尾《いのお》・雅楽《うた》以下の数氏を主要メンバーとするようになるが、これらの各氏の姿が見え始めるのは、文永から弘安にかけてである。

　正元元年（一二五九）に、幕府は「西国雑務《ざつむ》事」について、「殊なる重事の外、（関東に）注進すべからず。直に尋成敗《たずねせいばい》せしむべき」ことを六波羅に指令し、裁判権を強化させたが、それは同時に六波羅の裁判権がかなり整備されたことを示す。弘長三年（一二六三）に関東引付衆後藤基政《ごとうもとまさ》・安達頼景《あだちよりかげ》が「在京」のため上洛（『吾妻鏡』同年六月二日条）、建治元年（一二七五）には、十八年間におよび六波羅探題をつとめた北条時盛や関東引付衆伊賀《いが》光政《みつまさ》・二階堂《にかいどう》行清《ゆききよ》・町《まち》野《の》政康《まさやす》の三名が上洛（『鎌倉年代記』『関東評定衆伝』）し、六波羅の人員強化がはかられていくと森は述べる。

六波羅の訴訟機関としての完成は、佐藤の通説によって、正安年間（一二九九〜一三〇二）とされているが、森が抽出した「表1」をみると完備された姿を見ることができるという。

森は、六波羅探題職員の基礎的データを基に、六波羅評定衆や六波羅奉行人の分析を進め、参考文献に載せたように、さらに六波羅奉行人斎藤氏、探題北条重時、六波羅評定衆長井氏、鎌倉末期の六波羅探題金沢貞顕、探題執事佐治重家など、個別研究を進め、二〇一六年一月には同成社より第二論文集である『中世の武家官僚と奉行人』を出版した。六波羅探題研究における森幸夫の活躍は、これからも目が離せない。

4 六波羅探題被官と北条氏の西国支配——高橋慎一朗の研究

高橋慎一朗（たかはししんいちろう）とは

高橋慎一朗は、昭和三十九年（一九六四）に神奈川県小田原市に生まれる。同六十三年三月東京大学文学部国史学科を卒業し、さらに平成二年（一九九〇）に同大学院人文科学研究科博士課程を中退し、同四年に東京大学史料編纂所助手となり、助教授、准教授を経て同二十七年に教授となる。同八年に「中世の都市と武士」の研究で東京大学より文学博士の学位を授与される。専門は、日本中世史、都市の歴史、鎌倉時代政治史など。

主要著書に、『中世の都市と武士』（吉川弘文館、一九九六年八月）、『武家の古都、鎌倉』（山川出版社・日本史リブレット、二〇〇五年九月）、『中世都市の力―京・鎌倉と寺社』（高志書房、二〇一〇年三月）、『武士の掟―「道」をめぐる鎌倉・戦国武士たちのもうひとつの戦い』（新人物往来社、二〇一二年二月）、『北条時頼』（吉川弘文館・人物叢書、二〇一三年八月）、『日本中世の権力と寺院』（吉川弘文館、二〇一六年八月）など多数ある。

高橋慎一朗著
『中世の都市と武士』
（吉川弘文館、1996 年）

六波羅探題被官の活動

高橋慎一朗は、探題被官の活動に焦点を当て、それを通じて「六波羅」という機関の存在意義を考察しようとした。代表的な論文は、「六波羅探題被官と北条氏の西国支配」（『史学雑誌』一〇一―六、一九九二年六月）と「六波羅探題被官の使節機能」（『遙かなる中世』一〇、一九八九年十月）である。

まず用語を規定し、六波羅評定衆および篝屋守護人を在京人と規定し、現任の六波羅探題の被官を探題被官と称する。六波羅の職務は、『沙汰未練書』に「洛中警固并西国成敗」と規定されるが、従来の「西国成敗」に関する佐藤進一の研究や、鎮西探題が御家人訴訟の確定判決権を獲得したのに対し、六波羅はついに確定判決権を得なかったことから「探題として成立を見なかった」とする五味文彦の研究を受けて、裁判機関としての未成熟さを考えると、六波羅の本分は「洛中警固」にあったとする。

洛中警固（洛中検断活動）に関して六波羅探題の指揮下にあるのは、大番衆・在京人・探題被官であるが、探題被官に関してはこれまで専論がないとし、探題被官に関する評価も、「鎌倉時代後期、政治的・社会的に複雑化する情勢に対処して、篝屋・在京人が鎌倉幕府の維持という意味をもってくるにしたがい、相対的に探題被官の存在が大きく浮かび上がってきた」（五味克夫「在京人と篝屋」上下、『金沢文庫研究』九三、九四）や「当時の洛中検断の主導権は実際には探題被官が握り、軍事指揮者たる検断頭人を初めとする探題被官勢力の役割は大きかった」（塚本とも子「鎌倉時代篝屋制度の研究」『ヒストリア』七六）と探題被官の役割を重視する評価に対し、「被官である侍所頭人《さむらいどころとうにん》はその反面、六波羅の検察面で手足となって活躍するにすぎず、関東特派の錚々たる事務官の下風に立っている」（上横手雅敬「六波羅探題の構造と変質」『ヒストリア』一〇）と正反対の評価があると高橋は指摘する。
元弘三年（一三三三）五月九日、近江国番場宿《ばんばのしゅく》において、六波羅探題を中心とする「六波羅」軍は、反幕府軍の包囲を受け全滅する。この時、探題と共に討死・自決した者の多くは探題被官であり、在京人・奉行人はわずかである（「近江国番場宿蓮華寺過去帳《れんげじかこちょう》」『群書類従』二十）。

洛中警固における探題被官の役割

正和三年（一三一四）五月、新日吉神人《しんひえじにん》と六波羅勢との乱闘事件が起こる。この事件の詳細を伝えるのが、当時探題北方であった金沢貞顕書状である（『鎌倉遺文』㉝二五一三三号、『金沢文庫文書』）。高橋は、この事件から洛中警固の原則を次のように述べる。

まず探題の指令を受けて、探題被官たる検断頭人の指揮下、まず現場近くの篝屋守護人が動員される。続いて当日出仕の奉行人、さらに探題被官が動員される。しかし、実態としては、探題の私兵とも言うべき検断頭人《けんだんとうにん》以下の探題被官勢が中核だったと想像される。

検断頭人

続いて、高橋は、検断頭人以下探題被官の洛中検断活動の実例を八例紹介する。八例の検討の結果、「六波羅の洛中検断活動において探題被官の位置は大きかった」、「特に検断頭人は検断活動の全般に亘りその中核であった」と結論する。

さらに、洛中以外の畿内近国における探題被官の活動事例を七例紹介し、探題被官の京都周辺における検断活動を二つに分類する。第一は、寺社の強訴集団の入洛防止のために洛中を出て下向、積極的に鎮圧、解散を図るもの。第二は、近国の悪党追捕である。いずれの場合も、探題被官が検断の中心となり、在京人がそれに付き従うという形になっていると高橋は述べる。

軍事行動

平素における六波羅の検断機能は、非常時においては六波羅軍としての軍事行動という形で現れるという。そうした軍事行動における探題被官の動きを、高橋は『太平記』の記事から三例抜き出して、軍事行動においても、探題被官の中では特に「両検断」(検断頭人)の活動が重要と述べる。

検断頭人以下探題被官は、在京人に対して軍事指揮権を持ち、時として大番衆、西国御家人をも指揮した。また、関東より指揮官が派遣され大軍が動員される場合は、検断頭人は軍事指揮にはあたらず「参謀」的な任務を遂行したと高橋は述べる。

探題被官と西国支配①——守護代

「六波羅探題の地位は、北条一門が独占していた。北条一門はしばしば諸国の守護を務めたから、六波羅探題は六波羅の首長であると同時に守護でもあり得た。特に、摂津・播磨・丹波の守護は鎌倉後期に探題兼任として固定される」、「六波羅探題が守護を兼任した場合、守護代は探題被官が務めた」と高橋は述べ、その実例を時代順に列挙する。

探題被官が西国の守護代として活動した実例を検討した高橋の結論を箇条書きでまとめてみる。

（一）守護代を務める探題被官は、守護国に関係なく特定の氏族に限られる。時敦《ときあつ》—時益《ときます》流における糟屋《かすや》氏、基時《もととき》—仲時《なかとき》流の高橋氏、範貞《のりさだ》における小串《おぐし》氏、貞顕《さだあき》における鵜沼《うぬま》氏のごとくである。これらの氏族は有力被官であり、多くは検断頭人を出している。

（二）任国を見ると、探題守護兼任国として固定した摂津・播磨・丹波を含め、畿内近国に集中する。畿内近国守護を兼任する探題は、畿内近国を、守護代という形で有力な探題被官に支配させることができた。

探題被官と西国支配②――六波羅両使

高橋は、「六波羅両使の派遣は、守護制度とならんで鎌倉幕府の地方支配を支える重要な制度として近年注目を集めている」と述べ、六波羅両使制度の中で探題被官の位置づけを考察する。

外岡慎一郎が整理した「六波羅使節〈両使〉編年譜」を活用し、探題被官が両使を務めていた例を二つのタイプに分類する。

第一は、守護代として務めている場合であり、ほとんどはこのタイプである。実例として八例を紹介する。

第二は、探題被官が純粋に探題被官の立場のみで務める場合である。実例が二例示されるが、このタイプは極めて少なく、いずれもごく初期に限定される。このことは、原則的には、探題被官は六波羅両使制度には関与しなかったと高橋は述べる。

しかし、第一のタイプは鎌倉後期に実例が現れるが、これは六波羅両使制度に食い込めずにいた探題被官が、「守護代」の地位を媒介にして「両使一方（両使の中の一人）守護代」という形を利用することで六波羅両使制度への参入を果たしたと述べる。

在京人・奉行人

高橋は、「六波羅の洛中及び畿内近国の検断活動は在京人・奉行人の活動を前提としている」と述べ、探題と在京人・奉行人との関係を検討する。在京人の出自は、東国からの西遷御家人もしくは西国在住の御家人であった（五味文彦「在京人とその位置」『史学雑誌』八三―八）。探題被官が六波羅探題の「御内人《みうちびと》」であったのに対し、探題の指揮下にあった在京人・奉行人は、身分上は探題と対等の御家人であり、探題にとっては「外様人《とざまびと》」であったという。五味文彦は「探題と在京人との主従制的関係の形成ははっきりと否定」しており、それは「探題と在京人との関係を官制上の上下関係に限定することにより、六波羅の幕府からの独立の防止」を意図するものであったという（五味文彦前掲論文）。

五味文彦の理解を前提にしながらも、高橋は、塚本とも子が指摘した小串氏を事例として（前掲論文）、探題と在京人・奉行人との関係を再検討する。その結果、「在京人小串氏は、在京人としての性格を保ちながらも、元亨（一三二一～二四）ごろより北方常葉範貞の被官化した」

と述べる。さらに高橋は、奉行人の探題被官化の事例を検討し、在京人・奉行人の探題被官化という現象が存在したこと述べる。

探題被官と北条氏の西国支配

高橋慎一朗の探題被官に関する研究（『史学雑誌』論文）をまとめてみよう。

第一章では、探題被官が六波羅の検断活動においていかに重要な位置を占めたかを明らかにした。平時の洛中洛外の検断活動、その延長線上にある非常時の軍事行動において、検断頭人以下探題被官は在京人を指揮する立場にあり、かつ中心的勢力でもあった。

第二章では、六波羅の西国支配特に畿内近国支配において、探題―探題被官の主従関係がさまざまな形を借りて利用されていたことを具体的に示した。探題被官は西国支配においても重要な役割を果たし、そういった探題被官を新たに創設しようとする動きさえもみられた。

高橋は、論文の「おわりに」で、鎌倉幕府政治史を理解する上で重要な視角を提示する。箇条書きにしてまとめてみよう。

（一）　六波羅には、北条一門が被官との主従関係を中核に据えて西国支配を行うための制度的拠点という側面があった。

(二)　六波羅探題の地位は北条氏が独占していた。得宗家は主として東国支配を、北条氏庶流は交代で西国支配を担当する。そして北条一門全体としては日本全国を掌握する。

(三)　六波羅探題は六波羅の首長でありながら北条庶流の家長としての性格を根源的に持ち続けた。各家の家政機関を六波羅という公的機関の中心に置くことで北条一門の西国支配を制度化していた。

(四)　六波羅の西国支配は、守護制度と六波羅両使制という二つの制度を大きな支柱としている。六波羅探題は、畿内近国の守護を兼任することで探題被官を守護代として畿内近国の支配に参画させることができる。

(五)　「探題被官を担い手とする西国支配」を確立しようとする動きが強まれば強まるほど、在京人・奉行人の位置は相対的に低下し、在京人・奉行人の六波羅離れという現象が起こる。

(六)　北条一門による、被官を中核に据えた西国支配の体制が確立すると同時に、六波羅の西国御家人からの孤立も完成する。

高橋慎一朗の六波羅探題研究

高橋慎一朗の六波羅探題研究は、参考文献に示したように、空間や場の問題から六波羅探題の歴史的性格を考察した研究がある。詳細は省略せざるをえないが、森幸夫の研究史整理を借りると、「武家地六波羅は、探題と探題被官の六波羅」でもあり、「北条氏の六波羅が発展したもの」、「六波羅では、武家地と信仰の場が共存していた」とまとめることができる。高橋独自の視点からの六波羅探題研究である。

5 六波羅探題発給文書の研究——久保田和彦の研究

久保田和彦（くぼたかずひこ）とは

久保田和彦（筆者）は、昭和三十年（一九五五）に神奈川県横須賀市に生まれる。同五十三年三月に早稲田大学教育学部社会科地理歴史専修を卒業し、学習院大学大学院人文科学研究科史学専攻に入学し、同五十九年に博士課程を単位取得退学。同五十五年より神奈川県立高等学校の社会科教諭、この間の五年間は神奈川県立公文書館郷土資料課に勤務。現在は、鶴見大学文学部文化財学科、日本大学文理学部史学科の非常勤講師。所要論文は参考文献を参照。

六波羅探題発給文書の研究

一九七八年に学習院大学と国学院大学の大学院生を中心に、北条氏発給文書の講読とその研究を目的として北条氏研究会が発足し、北条氏発給文書を一通ずつ読み、様式や意味を考え、関連する文書や論文を紹介し、出席者により議論を重ねてきた。

北条氏研究会例会で、北条泰時の六波羅探題時代の発給文書を読む中で、六波羅探題発給文書を正面から取り上げた研究が古文書学の概説書を除いてまったくないこと、また古文書学の概説書でも、六波羅探題発給文書は鎌倉幕府発給文書に関連して若干触れられているにすぎず、その中心的な文書である六波羅下知状・御教書の様式に関しても、関東下知状・御教書と「同様の形式である」「様式は全く同じである」とする概説書と、六波羅下知状・御教書は直状様式である点が異なるとする概説書で正反対の評価がされており、さらに、こうした研究の現状からか、

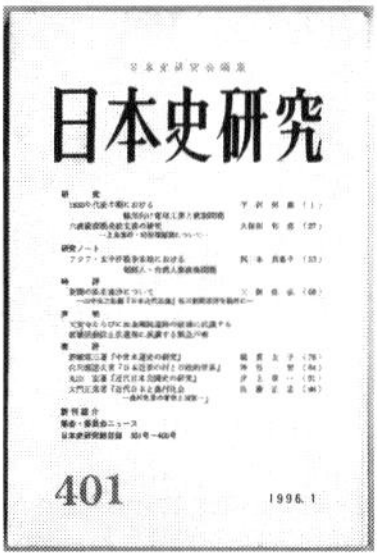

久保田論文所収
『日本史研究』
（401 号、1996 年）

『鎌倉遺文』所載の六波羅探題発給文書は、様式の違いによって文書名が統一されていないことに筆者は気が付いた。

特定の政権・機構の研究をする場合、その発給文書を分析することは日本史研究の基本的方法の一つと考えるが、六波羅探題発給文書の研究はまったくされてこなかった。

このため、筆者は六波羅探題の基礎的研究として、北条泰時・時房探題期、北条時氏・時盛探題期、北条重時・時盛探題期、北条長時探題期、北条時茂《ときしげ》・時輔《ときすけ》・義宗《よしむね》探題期に区分して、六波羅探題発給文書を悉皆収集し、その様式・機能の分析により文書名を確定し、六波羅探題発給文書の特徴として、①「依仰（仰《おおせ》に依《よ》り）」「依鎌倉殿仰（鎌倉殿《かまくらどの》の仰に依り）」などの奉書文言がない、②裁許状などの書止文言が「…状如件（…の状件《じょうくだん》の如《ごと》し）」で結ばれ、関東下知状のように「下知如件（下知件の如し）」の書止文言《かきどめもんごん》が使用されないことを指摘した。

また、六波羅探題発給文書には奉書形式も見られ、奉書形式の場合は幕府以外に朝廷（宣《せん》旨《じ》・院宣・蔵人所《くろうどどころ》）・公家・本所・国司などの意向を受けて文書が発給された。以上の発給文書の特徴から、六波羅探題は鎌倉幕府の出先機関であるとともに、朝廷・公家政権の西国支配機関でもあったという結論を述べた。

六波羅探題発給文書の統一的基準

筆者の研究の目的は、これまで統一的基準に基づいて文書名が付けられていなかった六波羅探題発給文書の文書名を確定することである。

①「依仰」「依鎌倉殿仰」などの奉書文言が無く、②裁許状に「下知如件」の書止文言が使用されないという、幕府文書とはまったく異なる様式である六波羅発給文書に統一的基準に基づいて文書名を付けることがいかに難しいか、『鎌倉遺文』所載の六波羅発給文書に付された統一されていない文書名を見れば理解できると思う。

これまで、北条泰時・時房探題期、北条時氏・時盛探題期、北条重時・時盛探題期、北条長時探題期、北条時茂・時輔・義宗探題期の五期に区分して、六波羅発給文書の統一的基準を検討してきたが、試行錯誤の連続であった。現時点での統一的基準を示すと、以下のようにまとめることができる（拙稿E）。

①　六波羅下文は、承久の乱直後の京都において、六波羅探題成立期の北条時房・泰時が将軍家政所下文に準じて連署で発給した特殊な文書である。文書様式は通常の下文に見られる「下　某（下す　某）」という書出が省略されているが、書止め文言は「以下《もってくだす》」で結ば

れている。

②六波羅下知状は、第一に書止め文言が「下知如件」で結ばれている文書。第二に「下知如件」の書止め文言はないが、明らかに裁許状である文書。第三に事書有り、奥下署判、宛所なし、「…状如件」の書止め文言という四つの共通した特徴を有する文書、という三つの基準を拙稿Dで提案した。このうち、第一の基準とした「下知如件」で結ばれた文書は、泰時・時房期以降においては、九割以上が幕末の三十数年間に集中して検出され、また一通を除いて裁許状として使用されるという特色がある。

③六波羅御教書・書下《かきくだし》・書状《しょじょう》はいずれも書札様文書である。拙稿Dでは事書なし、日下署判、宛所有りという三つの共通した特徴を有する六波羅探題発給文書を書止め文言の相違で区別し、「執達如件（執達《しったつ》件の如し）」「仍執達如件（仍《よ》って執達件の如し）」で結ばれる文書を六波羅御教書、「…状如件」で結ばれる文書を六波羅書下、「恐惶謹言《きょうこうきんげん》」「謹言」で結ばれる文書を六波羅探題北条長時書状とする新しい分類基準を提案した。

ただし、書状の場合、連署で発給される書状には公的性格があるので、六波羅という機関名を付し、六波羅連署書状の文書名を付した。単署の書状は本来私用で発給される性格の文書であるが、探題一人制の場合は公私の区別が難しいので、単署の場合は六波羅探題北条某書状と個人名を付し、連署の場合と区別したい。

熊谷隆之の批判

熊谷隆之は、六波羅探題発給文書の全時代におよぶ文書様式を検討し、筆者A稿の分類が様式・機能両面を基準としたため、異なる視角にもとづく分類が並立し、全体の整合性という面で問題があると批判した。その上で、同一の視角から全体を見渡すことのできる、なるべく体系的なものをめざす必要があり、六波羅探題発給文書の分類の成否は、できるだけ多くの文書に通底する分類基準をどのように設定するかという点にかかっているとし、筆者が考慮しなかった事書の有無と署判の位置の二点を主な分類基準として採用した。

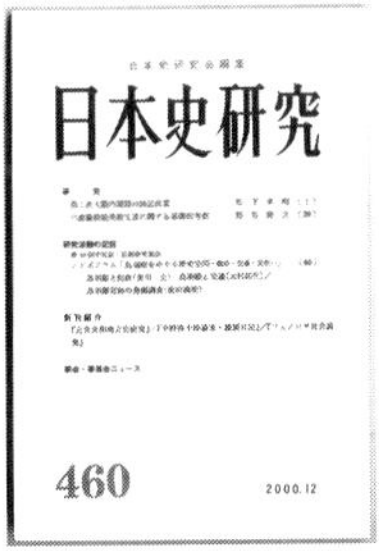

熊谷論文所収
『日本史研究』
(460号、2000年)

しかし、筆者も事書の有無と署判の位置を分類基準とすることには賛成で、これまでもまったく考慮しなかったわけではない。熊谷の研究は、計三〇〇通におよぶ六波羅探題全期間の発給文書の正文を収集し、同一の視角から分析されており、大変説得力を持つ論考と思われる。しかし、文書名を考える場合の方法論として、様式・機能両面を基準とすることに問題があるという指摘には疑問が残る。熊谷と筆者の研究の相違については、次節で取りあげる。

六波羅探題宛の発給文書

拙稿A~Dまでの研究で、六波羅探題に宛てて発給された文書に関する検討結果をまとめると、以下のようになる。

① 従来、幕府から六波羅探題への発給文書は、両探題を宛所とすると考えられてきたが、これは事実誤認であった。

② 六波羅探題成立期（北条泰時・時房探題期）、幕府の指示・命令（関東御教書）は両探題宛でなく、すべて泰時または時房単独に宛てられていた。

③ 北条時氏・時盛探題期になり、はじめて関東御教書が両探題連名に宛てられるようになる。

④ 以降、探題複数制の時代の関東御教書は両探題宛が原則となるが、両探題の地位・立場の相違は歴然で、公家政権・寺社勢力から探題宛の発給文書は探題一名（北条時氏・重時）に宛てられ、かれが両探題のうちのリーダー的存在、公武交渉の担当者としての執権探題

であった。

六波羅探題発給文書の宛所

拙稿Dでは、六波羅探題発給文書は宛所となった人物の身分・職務によって、書止め文言に一定の規則があり、次の三点を指摘した。

①「仍執達如件」で結ばれた六波羅御教書は、守護・地頭正員など御家人身分の者、あるいは荘園の預所・公文、在庁官人など朝廷・公家政権側に属する者に宛てられている。

②「…状如件」で結ばれた六波羅書下は、守護代・地頭代・探題被官・奉行人など、御教書に比べて下位の身分の者に宛てられている。

③御教書と書状の宛所の身分には重なり合う部分もあるが、御教書と書下の宛所、すなわち「仍執達如件」と「…状如件」の書止め文言の宛所には明確な身分差があった。

拙稿Eにおいても、六波羅探題発給文書の宛所を検討すると、おおむね拙稿Dの分類に合致し、六波羅御教書は守護・地頭正員など御家人身分の上位者、六波羅両使・奉行人に対して、六波羅書下は地頭・下司《げし》・沙汰職《さたしき》など御家人身分の者にも発給されているが、御教書に比べて下位者であり、守護代・地頭代・探題被官など御家人被官に宛てられる場合が多く、「仍執達如件」と「…状如件」の書止文言の宛所には明確な身分差があったことを再確認した。

拙稿Dでは御教書と書状の区別が曖昧であったが、拙稿Eでは、「恐惶謹言」「恐々謹言」で結ばれた六波羅書状の宛所は、東寺長者・東大寺別当・東大寺大勧進など寺社勢力、知行国主《しゅ》・近衛《このえ》家家司《けけいし》・九条《くじょう》家《け》家司・梶井門跡《かじいもんぜき》家司・領家・預所《あずかりどころ》など公家政権に属する者に対して発給され、六波羅探題と被官関係に無い場合に書状が使用されていること。得宗被官に対しても「恐惶謹言」の書止め文言が使用されており、六波羅探題からみて得宗被官は厚礼の対象であったこと、などを指摘した。

以上、六波羅探題発給の書札様文書は、宛所の身分・職名によって書止め文言が区別され、「恐惶謹言」・「仍執達如件」・「状如件」の順に薄礼の形式で文書を発給していたのである。

鎌倉幕府の守護の沿革については、佐藤進一著『増訂鎌倉幕府守護制度の研究』（東京大学出版会）という労作があるが、不明の部分も多い。六波羅御教書が守護正員に宛てられる場合、

「仍執達如件」の書止め文言で結ばれたことが正しければ、六波羅御教書の宛所から西国守護の沿革や実態の究明に役に立つかもしれない。

6　六波羅探題の多角的・総合的研究——熊谷隆之の研究

熊谷隆之（くまがいたかゆき）とは

熊谷隆之は、昭和四十八年（一九七三年）に愛知県で生まれた。京都大学文学部国史学科を卒業し、さらに同大学院文学研究科博士課程を修了。日本学術振興会特別研究員を経て、平成二十一年（二〇〇九）に富山大学人文学部につとめる。同十六年（二〇〇四）に、「六波羅探題の研究」で京都大学より文学博士の学位を取得。専門は、日本中世史、特に鎌倉幕府と荘園・村落を主な研究対象としている。主要論文は参考文献を参照。

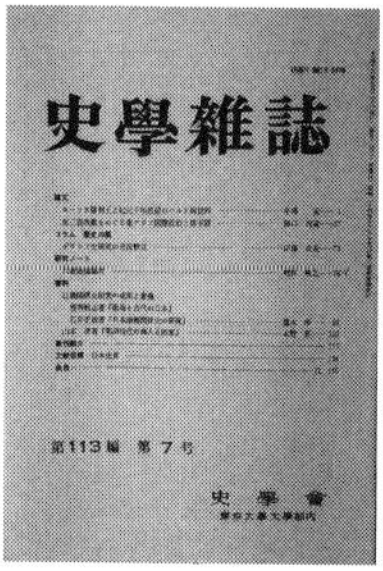

熊谷論文所収『史学雑誌』
(113 編 7 号、2004 年)

六波羅探題発給文書の研究

熊谷隆之は、全時代におよぶ六波羅探題発給文書の計三〇〇通の正文《しょうもん》を収集し、同一の視角から全体を見渡すことのできる、なるべく体系的なものをめざす必要があり、六波羅探題発給文書の分類の成否は、できるだけ多くの文書に通底する分類基準をどのように設定するかという点にかかっているとし、事書《ことがき》の有無と署判《しょはん》の位置の二点を主な分類基準として、六波羅探題発給文書を分類した。熊谷A論文の「むすびにかえて」でまとめられた様式分類を示す。

《下文様《くだしぶみよう》文書》

① 六波羅下文＝事書をもち、書止を「以下」と結び、奥下《おくした》署判のもの。宛所《あてどころ》はない。差出は、官職・姓・花押、となる。

② 六波羅下知状＝書止を「下知如件」と結び、奥下署判のもの。宛所はない。

a 前期下知状＝事書がないもの。差出は、官職・花押のみのものと、官職・姓・花押のものとがある。さまざまな用途に用いられる。

b　後期下知状＝事書のあるもの。差出は、官職・姓・（朝臣）・花押、となる。おもに裁許状として用いられる。

③　六波羅書下《かきくだし》（甲）＝書止を「状如件」と結び、奥下署判のもの。初期の一事例を除き、宛所はない。

a　前期書下＝事書がないもの。差出は、官職・花押のみのものと、官職・姓・花押のものとがある。さまざまな用途に用いられる。

b　後期書下＝事書のあるもの。差出は、初期の一事例を除き、官職・姓・（朝臣）・花押、である。施行・禁制・裁許に用いられる。

《書札様《しょさつよう》文書》

①　六波羅御教書＝事書をもたず、日下《にっか》署判のもの。訴訟事務をはじめ、さまざまな用途に用いられる。

a　書下（乙）＝書止を「状如件」「執達如件」と結ぶもの。差出は、官職・花押のみを記すものが多い。初期には、事書をもつもの、奥下署判のものがある。

b　書状＝書止を「謹言」「恐々謹言《きょうきょうきんげん》」「恐惶謹言」などと結ぶもの。差出は、官職・花押に加えて、姓や実名を加えたものなどさまざまである。また裏花押のものも多い。

六波羅下知状

熊谷は、六波羅下知状を「下知如件」の書止で結び、奥下署判のものと定義し、泰時・時房期のみに発給された、事書がなく、年月日を記し、奥下署判で宛所のない文書を前期下知状、時盛・重時期以降に発給された事書をもつ文書を後期下知状とした。また、前・後期の二種類の下知状は、事書の有無、差出の形式、用途などの点で明らかに異なるが、「下知如件」の書止め文言や奥下署判などの共通性からみて同一の系譜上にあり、両者の検出時期の明らかなずれは、前期下知状にとってかわるかたちで、後期下知状が用いられるようになったことを示す、とも述べている。

しかし、熊谷の規定した後期下知状は、九割以上が幕末の三十数年間に集中して検出され、また一通を除いて裁許状として使用されるという特色があり、単純に前期から後期の様式に転じて使用されたという説明では十分ではない。問題は、幕府・鎮西探題の裁許状に使用された「下知如件」の書止め文言が、なぜ六波羅探題ではほとんどの時期に使用されなかったかという点にある。熊谷が後期下知状とした文書のほとんどが裁許状として発給されたことは、裁許状は本来「下知如件」の書止め文言で発給される文書であるという常識が、鎌倉中期以降に存在していたからと考えてよいのではないだろうか。

筆者は、六波羅下知状の基準は、第一に書止め文言が「下知如件」で結ばれている文書、第二に「下知如件」の書止め文言はないが、明らかに裁許状である場合も六波羅下知状の文書名を付した。下知状は「下知如件」の書止め文言から付された文書名であるが、熊谷が定義した六波羅前後期の下知状が使用された時期は、泰時・時房期の四年間と幕末の三十数年間に限定される。この期間以外に、六波羅下知状は使用されなかったという理解でよいのだろうか。

筆者は、事書有り、奥下署判、宛所なし、「…状如件」の書止め文言という四つの共通した特徴を有する文書を、六波羅下知状の第三の基準としたが、熊谷はこの四つの特徴をもつ文書に、六波羅書下（甲）の文書名を付した。熊谷説と私案との相違は、事書有り、奥下署判、宛所なし、「…状如件」の書止め文言という四つの共通した特徴を有する文書に六波羅書下（甲）の文書名を付すか、または六波羅下知状の文書名を付すかという点にある。筆者は、ほとんどが裁許状として使用されるこの様式の文書は、六波羅書下（甲）よりも六波羅下知状の方がその文書の機能・内容に適していると考える。

六波羅御教書と六波羅書下

筆者が六波羅御教書の文書名を付す基準は、第一に「執達如件」「仍執達如件」の書止め文言で結ばれている文書、第二に「…状如件」という直状形式の書止め文言で結ばれているが、幕府・朝廷・公家政権・権門寺社など、上意の命令を受けている（施行状の内容を有する）ことが本文中に明記されている文書であった。

熊谷の分類では、六波羅御教書＝書下（乙）＋書状となるが、特に六波羅書下（乙）は、「仍執達如件」と「…状如件」の異なる書止めに同一の文書名をつけることになる。また、下文《くだしぶみ》様文書と書札様文書という、機能や用途がまったく異なる文書に、甲と乙という区別はあるが、同じ六波羅書下という文書名を付すことには違和感がある。

筆者は、事書なし、日下署判、宛所有りという三つの共通した特徴を有する六波羅探題発給文書を書止め文言の相違で区別し、「仍執達如件」の書止め文言で結ばれる文書を六波羅御教書、「…状如件」の書止め文言で結ばれる文書を六波羅書下、「恐惶謹言」「謹言」の書止め文言で結ばれる文書を六波羅探題某書状とする分類基準を提案した。また、かかる書止め文言の相違が何に由来するのか、宛所となった人物を検討した結果、宛所の身分・職名によって書止め文言が使い分けられ、「恐惶謹言」→「仍執達如件」→「状如件」の順に薄礼の形式で文書を発給していたと考えたのである。

鎌倉幕府発給の書札様文書

熊谷はさらに、六波羅施行状（熊谷B論文）、御教書・奉書・書下（熊谷G論文）、裁許状と安《あん》堵《ど》状《じょう》（熊谷H論文）など、精力的に鎌倉幕府の発給文書の研究を進めた。特に熊谷G論文は、鎌倉幕府発給の書札様文書に全面的な検討を行い、従来の古文書学の常識に見直しを迫る研究を発表された。熊谷G論文の要旨をまとめると、

① 鎌倉幕府発給の書札様文書に対して、当時用いられた「御教書」「奉書」「書下」の三つの呼称は、『沙汰未練書』の説明の通り、「御教書」は執権・連署発給文書、「奉書」は引付方以下の各部局の長官と、安堵奉行以下の特殊奉行の単署発給文書、「書下」は他の一般奉行人をふくむ連署発給文書である。

② 三位相当以上の主人の意をうけた奉書を「御教書」とよぶ、とする今日の古文書学の分類と、当時の三区分とのあいだに、明確なずれがある。三区分は、奉書・直状《じきじょう》の区別と無関係で、「御教書」とは、鎌倉殿ではなく、署判者である執権・連署に対する尊称であり、これは直状形式の六波羅・鎮西御教書にも妥当する。

③ 直状を「御教書」とよんだ事例は、院政期から散見する。古文書学がいうごとき、三位

相当以上の意をうけた奉書を「御教書」とよぶ、その確たる根拠は不明である。

「御教書は執権・連署発給文書」、「御教書とは、鎌倉殿ではなく、署判者である執権・連署に対する尊称であり、これは直状形式の六波羅・鎮西御教書にも妥当する」とする熊谷G論文は、確かに従来の古文書学の常識に見直しをはかる重要な指摘といえる。

訴訟機関としての六波羅探題

熊谷隆之はC論文によって、このテーマについても不動の通説に再検討を迫る。不動の通説とは、「六波羅は審級管轄上において関東に対する完全な独立を達成しえなかった」とする佐藤進一の研究、「六波羅探題はついに確定判決権を与えられず、ゆえに探題として成立しなかったという議論が生まれる余地がある」とする五味文彦の研究、「裁判機関としての未熟さからみて六波羅の本分は西国成敗よりも洛中警固にあった」とする高橋慎一朗の研究、などである。

熊谷は、六波羅探題が訴訟機関として「未熟」であったかは自明ではない、六波羅が審級管轄上において下位に位置していたことは、必ずしも六波羅の裁判機関としての「未熟さ」を示すものではないとする。まったく同感である。この課題を、六波羅の訴訟裁断機関としての評価にかかわる、六波羅における裁許と評定に注目して、不動の通説を見直していく。熊谷C論文は、六波羅探題研究史上の画期的な論文である。以下、熊谷の考察の道筋をたどってみよう。

六波羅裁許状の様式

　熊谷の分類した様式では、六波羅裁許状は事書が有り、奥下署判の文書で、「下知如件」の書止は「六波羅下知状」、「状如件」の書止は「六波羅書下（甲）」と二種類に分類する。熊谷は、「これらの二様式に内容的な差異をみいだすことができない」とする。内容的な差異がない文書に異なる文書名を何故付けるのだろうか（前に述べた）。

　次に、関東裁許状の事書に関する近藤成一《こんどうしげかず》の研究（「鎌倉幕府裁許状の事書について」、皆川完一《みながわかんいち》編『古代中世史料学研究』下）を参考に、六波羅裁許状の事書を四つに分類する。近藤は、A「甲与乙相論…事（甲と乙と相論す…事）」型は、訴陳状《そちんじょう》の交換や対決問答《たいけつもんどう》を前提とし、問答対決型裁許の確立がA型の事書を主流とさせ、B「某申…事（某申す…事）」型は例外的なものとなる、とする。

　熊谷は、六波羅裁許状の事書を分類し、A型は五八通、B型は二八通とし、A・B型を分かつ理由は、片面的訴訟と双面的訴訟、「事実者《ことじちたらば》」型裁許と問答対決型裁許、一方的裁許と理非裁断、「入門」と「入理非」など、日本中世の訴訟をめぐる議論とかかわりを持つとし、B「某申…事」型とA「甲与乙相論…事」型は、訴訟手続き上において連続する非「相論」と「相論」という二つの段階に対応すると結論する。

六波羅裁許状の事実書

続いて熊谷は、六波羅裁許状の事実書に注目する。A型の事実書が弘安年間（一二七八〜八八）をはさんで、「対決」や「召決」から「訴陳状」という文言へ変化するという。弘安以前は、対決や召決の結果を記した問注記や申詞記《もうしことばき》が作成されその上で裁許が下されていたが、弘安以後はかかる文言が見えなくなるという。変化の理由を熊谷は次のように説明する。

建治三年（一二七七）十二月、北条時村・時国両人の六波羅探題への就任にともない、六波羅の諸制度が刷新される。その際、時村に対して命じられた「六波羅政務条々《ろくはらせいむじょうじょう》」のなかに「一　下知符案《げちふあん》、事書開闔事《ことがきかいこうのこと》」がみえる。「事書」とは、裁許状の原簿である評定事書のことである。弘安年間の変化とは、口頭の対決や召決を基軸とする「問注記《もんちゅうき》」型から、訴陳状などの書面の応酬を基軸とし、引付で問答し評定で審理した結果を記した「評定事書」にもとづいて裁許を下す「評定事書」型への変化である。問注記は対決や召決の内容を記録したものにすぎないが、評定事書には六波羅の引付や評定における審理の結果が記される。つまり、後者には訴訟裁断機関としての引付や評定の判断が記されるわけで、このような意味で、六波羅は建治三年十二月以降、訴訟裁断機関として質的な転換を遂げたと熊谷は評価する。

六波羅裁許状の日付

鎌倉幕府裁許状は、その案件が裁断された評定の日付で発給される（石井良助『中世武家不動産訴訟法の研究』）。これは、『永仁三年記《えいにんさんねんき》』（増補続史料大成、臨川書店）の評定式日の記事と関東裁許状の日付を検討した結果である（岡邦信・近藤成一）。

しかし、六波羅の場合は、『永仁三年記』のような史料がないので、熊谷は、六波羅裁許状の日付から逆に六波羅評定引付の式日を推定する。その結果、永仁四年（一二九六）以降、二日、七日、十二日、二十三日、二十七日、以上の五か日における発給数が突出している。この五か日は、永仁二年以降の関東における引付評定の日付とも一致しており、六波羅においても、裁許状は原則としてその裁許が決定された引付評定の日付で発給されていたのである。

六波羅注進状

六波羅に出訴された案件は、必ずしも六波羅で裁許されたわけではなく、注進状が六波羅から関東へ進上され、関東で裁許された案件は多数ある。六波羅には確定判決権が与えられなかったとする認識の根拠である。熊谷は、六波羅注進状の手続の実態は不明であるとし、六波羅注進状の様式が挙状の体裁をとっていたこと、六波羅注進状の日付が引付評定の日付とほぼ一致することを明らかにした。

六波羅から関東へ進上される六波羅注進状は、裁許状の場合と同様に、関東へ注進することが決定された評定の日付をもって作成されている。六波羅に係属した案件は、六波羅の評定で審議され、その日付で裁許状が発給される場合と関東への移管が決定すれば、同じくその日付で六波羅注進状が関東に送付される。

関東と六波羅のいずれにおいて裁許を下すべきかという判断は、六波羅の評定で決定され、その決定には六波羅の自由裁量権があったと熊谷は述べる。

訴訟機関としての六波羅の質的転換

建治三年十二月を経て、六波羅の裁許の方式は「問注記」型から「評定事書」型へと転換する。また、西国に関する案件はまず六波羅に係属するのを原則とするようになり、その審理を経たのち、六波羅の評定において関東と六波羅のいずれで裁許を下すべきかが決定される。六波羅は西国に関する案件にみずから裁許を下す頻度を高め、六波羅は独自の訴訟裁断機関としての質的な転換を遂げると熊谷は評価する。訴訟機関としての六波羅探題の未熟さを強調してきた不動の通説を見事に再検討したといえる。

熊谷隆之の総合的な六波羅探題研究

熊谷隆之の六波羅探題に関する通説の見直しはさらに前進する。鎌倉幕府の西国支配に関して、外岡慎一郎や高橋慎一朗の研究を紹介してきたが、熊谷はこれらの新しい通説に対しても再検討を進め、これまで六波羅の支配体制は「六波羅—守護・両使制」とでもいうべき実体を有しており、北条氏守護国では両使、外様守護国では守護が遵行にあたるのを原則としたと理解されてきたが、熊谷は、六波羅を核とする同心円状の構造をもち、時期によって内部構造の求心化や分節化といった変化をともないつつも、六波羅、守護正員、守護代《しゅごだい》、在京その他の御家人の相互補完的な関係にもとづき維持ないし展開されたものとして、その支配体制を「六波羅・守護体制」とした。

続いて、『六波羅守護次第』の紹介と分析を通じて、歴代探題の任免時期を確定し、そこから浮上する六波羅探題に関する新たな論点を提示する（熊谷E論文）。人事をはじめ、六波羅の執権と連署、北方と南方、北殿と南殿などに関する問題を検討し、建治三年末の六波羅の制度改革を契機に、南北両探題の併任や発給文書への連署の原則化とともに、六波羅における執権・連署制が整備される。六波羅の執権の重要な権能のひとつは、六波羅の評定で裁許をはじめとする物沙汰《ものざた》を主宰する点にある。などなど、新しい論点が提示されていく。

さらに、「六波羅探題考」（『史学雑誌』一一三―七、熊谷F論文）において、これまでの六波羅探題の既往の研究すべてに対する通説に再検証を加える。論証は省略するが、熊谷は結論として以下のように述べる。

> 六波羅探題は、承久の乱を経て京都の六波羅を拠点に北条氏一門を配置した「守護」として誕生する。そして、六波羅が西国の「国守護《くにのしゅご》」や在京その他の御家人の編成、それに制度面の整備などにより、鎌倉幕府の西国支配機関として確立するなか、六波羅に置かれた「守護」は、その「管領《かんれい》」としての地位を確固なものとする。それとともに、六波羅の訴訟制度が拡充されるにつれて、六波羅探題は訴訟裁断者である「探題」としての属性

を先鋭化させていく。

院宣や綸旨の文面上において、鎌倉は「関東」と呼ばれたのに対し、六波羅は「武家」と称され、これら両様の呼称は明確に使い分けられていた。しかし、六波羅が鎌倉幕府の単なる出先機関にすぎないとすれば、なぜ六波羅は幕府の本拠である関東をさしおいて「武家」と呼ばれたのだろうか。

「武家」とは征夷大将軍が下向し、武士勢力の中枢が結集した鎌倉の将軍御所ではなく、朝廷側の秩序でいうところの征夷大将軍《せいいたいしょうぐん》の本邸が立地した六波羅をさす呼称として理解することができる。北条氏の邸宅とは明確に区別されるかたちで立地した六波羅御所は、もちろん象徴的な存在にすぎなかったが、このような意味において、まさに「武家地」六波羅の中核をなしていた。

以上、熊谷隆之の総合的な六波羅探題の研究を、大雑把ではあるが紹介した。既往の研究や通説を再検証する熊谷の研究態度は称賛に値する。熊谷の一連の研究によって、六波羅探題の研究は新時代に突入したといえるだろう。熊谷の研究に対する本格的な批判はまだみられない。これからの六波羅探題の研究は、熊谷の総合的な六波羅研究に対する検証から始まるといえる。

7　公武関係と六波羅探題——木村英一の研究

木村英一（きむらえいいち）とは

木村英一は、昭和四十八年（一九七三）に、長崎県長崎市で生まれる。平成七年（一九九五）年三月に大阪大学文学部史学科を卒業し、同大学院文学研究科史学専攻に進学し、同十四年に博士後期課程を単位取得退学する。日本学術振興会特別研究員を経て、現在は、滋賀大学・関西大学非常勤講師をつとめる。大阪大学から文学博士の学位を授与される。主要著書は、同著『鎌倉時代公武関係と六波羅探題』（清文堂、二〇一六年一月）である。

六波羅探題の研究史

六波羅探題を主題とする学術論文集は、森幸夫著『六波羅探題の研究』（続群書類従完成会、一九九一年三月）と木村英一著『鎌倉時代公武関係と六波羅探題』（清文堂、二〇一六年一月）の二冊しかない。木村英一著『鎌倉時代公武関係と六波羅探題』は、日本中世史研究における二冊目の六波羅探題の研究書である。

木村英一は、著書の序章第二節「六波羅探題研究の現状と課題」で研究史をまとめている。森幸夫は、時系列による六波羅探題の研究史をまとめているが、木村は、研究の流れを一九八〇年代以前と以後に分け、後者ではさらに研究対象の別に分類して整理する。

木村は六波羅の研究分野として、1の「職員・職制に関する研究」で、森幸夫と熊谷隆之の研究を、2の「発給文書に関する研究」で、筆者と熊谷の分類基準に関して、3の「公武関係・公武交渉における役割に関する研究」では、森茂暁と外岡慎一郎の研究の成果を、4の「西国支配の構造と実態に関する研究」では、この分野の基礎的研究となった外岡の研究を詳細にまとめ、外岡に対する批判的研究として、佐藤秀成《さとうひでなり》、加藤克《かとうまさる》、本間志奈《ほんましな》の研究を取り上げ、さらに本格的な再検討を行った熊谷の研究を紹介し、その問題点も指摘する。5の「探題被官に関する研究」では、探題被官に関する検断・軍事行動、西国支配、使節機能などの側面から分析した高橋慎一朗の研究の紹介と問題点を指摘する。6の「裁判制度に関する研究」では、熊谷の研

木村英一著
『鎌倉時代公武関係と六波羅探題』（清文堂、2016年）

究を取り上げ、佐藤進一の研究以来の通説の枠組みを大きく転換させる可能性を指摘した。
　これまでの六波羅探題の研究史をおおきく六つの分野に分類し、それらの全体的な特徴と問題点を指摘している。木村が最大の問題点として指摘するのは、個々の関心が分散し、それらを総合化しようとする試みが不充分であることである。同感であるが、六波羅探題の研究はようやく本格化したばかりであり、これからの研究に筆者は期待したいと思う。

木村著書の視角・課題と構成

　木村は、著書の序章第三節で、研究視角と課題をまとめている。箇条書きにしてまとめてみよう。

（一）　近年の六波羅探題研究の成果を継承し、六波羅探題と公家政権との関係という視角をさらに徹底しながら考察を進める。
（二）　六波羅探題・公家政権・関東三者の総体的関係について考えるため、本書では六波羅探題が実際の歴史の中で有していた機能に着目して、その内容や実際の遂行の形態および展開の過程を具体的に解明し、その特質について考察する。

（三）六波羅探題が有していた諸機能の展開過程を、できるだけ長い時間でとらえる必要がある。そのためには、その制度の整備が進んだ鎌倉後期だけでなく、六波羅探題が成立した承久の乱直後を含む鎌倉中期の分析を進めなければならない。

（四）六波羅探題成立以前の平安末～鎌倉前期については、上横手雅敬がその成立の意義をとらえるために京都守護との比較を行った程度であり、近年の研究に至ってはその視線はほとんど皆無といってよい。だが、六波羅探題が担う機能について前代からの継承関係を明らかにし、その成立意義をとらえるためには、院政期の分析が不可欠である。

（五）六波羅探題の本質と歴史的位置について考察することによって、鎌倉時代の公武関係を視野に入れた総合的な政治史を描き出すことを目指す。

勅命施行

訴訟当事者の要請を受けて発せられた院宣もしくは綸旨が、関東申次（西園寺家）を介して六波羅探題に伝達され、武家がその権力機構をもって勅命を施行する方式を、木村は「勅命《ちょくめい》施行《しぎょう》」と定義する（木村A論文）。

近藤成一は、論文「悪党召し捕りの構造」で、六波羅探題の勅命施行を公武権力による悪党処分のシステムと位置づけ、そこで発給される「違勅院宣《いちょくいんぜん》（綸旨）・「衾御教書《ふすまのみきょうしょ》」の効力や機能について論じ、本所一円地における年貢抑留といった荘園内部の本所と荘民の対立・紛争に幕府の協力装置を発動させることが可能となったとするが、木村は次の課題として、幕府権力が本来介入できなかった紛争に六波羅探題の強力装置が発動されることによって、当該社会に如何なる効果がもたされたのかを明らかにすることと述べる。

勅命施行と地頭御家人・武家被官

訴訟当事者の一方が地頭御家人・武家被官であるにも関わらず、訴人が直接案件を六波羅探題に提起せず、それによる勅命施行を公家政権に要請する場合がある。

例えば、論人（被告）が北条氏一門や六波羅探題の要人等の地位にある場合、六波羅に提訴しても良い結果が期待できないと判断される時、訴人（原告）は対抗策として勅命を得て、裁判に有利になるように公家政権の介入を要請したためと木村は述べる。そして、六波羅探題が基本的に勅命に沿って沙汰を進めたため、論人である地頭御家人・武家被官は権益拡大の動きを封じ込められ、六波羅探題に対する不満を募らせていくという。

勅命施行と凡下《ぼんげ》・住人

訴訟当事者が双方とも本所もしくは本所進止下の凡下・住人層である場合の六波羅探題の勅命施行システムについて、木村の小括は次のようである。

彼らが幕府検断にあたって身分的保護を受けられなかったため、勅命施行に伴って実施される制裁措置は、被疑者に対して人身・経済基盤の両面から徹底的に損害を与えられる厳しいものとなった。訴訟当事者間で和解が成立する可能性も極めて低く、彼らが「悪党」と認定され、逮捕・処罰される可能性は非常に高かった。

こうした勅命施行のあり方によって、六波羅探題の検断を受ける対象となった論人・被疑者の側は、越訴等の法廷闘争、武家使節の買収や現地入部の阻止など、あらゆる手段を行使してその検断の引き延ばしや妨害を図り、自己の権益を維持・確保しようとした。

六波羅探題による勅命施行＝悪党検断は、紛争の長期化、「悪党」の再生産、訴人や六波羅探題と「悪党」との対立の激化といった結果をもたらすこととなり、社会の混迷を一層深刻化させていったという。

六波羅探題の勅命施行は、地頭御家人・武家被官の不満を醸成し、「悪党」の反発・抵抗を惹起させた。鎌倉後期の六波羅探題は、勅命施行を通して当時の様々な紛争の処理を一手に担わされ、諸階層の不満や反発を一身に受けざるを得ない立場に追い込まれていったという。

六波羅探題の成立

木村は、研究視角の㈣で、六波羅探題成立以前の平安末〜鎌倉前期について、六波羅探題が担う機能について前代からの継承関係を明らかにし、その成立意義をとらえるためには、院政期の分析が不可欠であると述べていた。これまでの六波羅探題の研究が、関係史料の残存状況から、分析が鎌倉後期に偏る傾向にあったためである。そのため、木村はA論文に続いて、六波羅探題設置後の「洛中警固」の実態とそこにおける六波羅探題の関与のあり方、公家政権との関係について木村B論文で考察する。また、「洛中警固」という言葉を定義し、「洛中とその周辺の治安維持、及び寺社の嗷訴《ごうそ》入京の阻止や紛争の鎮圧との両様の意味」で使用する。

成立期六波羅探題の「洛中警固」

平安末期から鎌倉前期の「洛中警固」を主導したのは、白河・鳥羽・後白河・後鳥羽などの院であった。院は在京の軍事貴族・武士等を検非違使や院下北面・西面として編成し、院から個々の武士に動員の命令が下された。承久の乱後に六波羅探題が成立すると、寺社の嗷訴・紛争鎮圧の指令は公家の勅定として六波羅探題に下され、六波羅探題が在京する御家人を招集し、防禦・鎮圧にあたらせていた。動員された武士は「官軍」・「官兵」と呼ばれていたのである。

六波羅探題は、承久の乱の勝利によって、幕府が占領軍として入京したのがそのまま現地に逗留した機関である。京方武士の処罰によって院の私的武力は壊滅し、有力な武力となりうる軍事貴族も消滅した。戦後処理と西国御家人の統制が成立当初の六波羅探題が帯びていた第一の役割であり、洛中治安に関する問題が起きた時には、探題被官や一部の御家人で場当たり的に対応する程度であり、「洛中警固」においてその手足となるべき組織・体制は整えられていなかった、と木村は述べる。

「洛中警固」体制の形成

木村はB論文で、「鎌倉幕府『洛中警固』関係立法一覧」という表を作成し、この表から、文暦二年（一二三五）以降、「洛中警固」に関する幕府の立法が相次ぎ、特に延応元・二年（一二三九・四〇）に集中することを指摘する。その理由は、将軍九条頼経上洛の四か月後の嘉禎四年（一二三八）六月の篝屋《かがりや》設置を契機とする。頼経は上洛後に検非違使別当に就任し、この結果、彼の統率の下で御家人が洛中の警固にあたるという状況が出現したという。

問題は、篝屋に常駐して警備・治安維持に当たる武力の確保である。この頃から「在京奉公」もしくはそれに類する文言が散見されるという。

貞永元年（一二三二）十二月二十九日関東御教書（『鎌倉遺文』⑥四四二七号、『中法史』①追加法五二条）で、在京御家人の大番役免除がすでに規定されていたが、寛元元年（一二四三）十一月十日には「不退で六波羅に祇候」する御家人のみ大番役が免除され（『吾妻鏡』同日条）、同四年正月十九日には、篝屋に対する大番衆の勤役を停止し、在京武士が担当することが同日の北条重時書状（『鎌倉遺文』⑨六六〇九号、『東寺百合文書』）に見える。こうして京都大番役と「洛中警固」が分離され、京都大番役は全国から京都に上ってくる大番衆が勤仕し、篝屋守護は在京武士が担う体制となったという。木村は、六波羅探題による「洛中警固」体制の形成を次のようにまとめる。

この時期に六波羅探題は、「在京奉公」、六波羅探題への祇候《しこう》を基準として、畿内・西国の御家人を選定し、彼らに京都大番役の免除や諸職の給与といった特権を付与する代わりに篝屋常駐・洛中警備を義務づけた。これによって、院等に組織されない六波羅探題独自の御家人組織＝「在京人」が形成され、西国御家人に対する六波羅探題の統制は一層進展する。彼らが京都常駐の警察力として「洛中警固」に当たることで、六波羅探題は公家政権側の警固の要請に応えることができるようになる。

六波羅探題の政治史的位置

木村英一は、これまでの研究や寺社紛争の処理をめぐる六波羅探題の機能・役割を検討した結果（木村C・D論文）、六波羅探題の政治史的位置を存在形態と機能の両側面から、以下のようにまとめる。

成立当初の六波羅探題は、探題首班が被官等を駆使して寺社紛争の処理や洛中警備に当り、時には自ら紛争解決の場面に乗り出しており、機関としては未成熟であった。六波羅探題は探題首班個人あるいはその被官を含む家政機関により運営される存在として出発し、そのあり方は建治年間まで継続した。

建治年間以降、探題首班の地位は北条氏の昇進上の一ポストと化し、畿内・西国支配や寺社紛争の実務を担う人員・制度も整備された。六波羅探題は探題首班と被官を中心に、評定衆・奉行人・在京人等によって構成される機関（探題府）に変貌した。

機能の面から見ると、成立直後の六波羅探題は、承久の乱の戦後処理と寺社紛争の武力制圧に当たるのみであったが、北条重時探題期になると、洛中警備の主導的体制が整備されるとともに、寺社紛争に際しての検断や交渉の機能が付加された。

鎌倉後期になると、六波羅探題は寺社紛争については、公家政権と関東による解決を支える実務的役割を中心とするようになる。その一方、探題府は裁判や悪党検断などを取り扱う機関としての性格を強めていき、やがて洛中の警備・治安維持と畿内・西国支配二つが六波羅探題の中核的機能として意識されるようになる。「六波羅トハ、洛中警固并西国成敗御事也」という『沙汰未練書』の認識は、このように歴史的に形成されたものだったのである。

第四章　その他の六波羅探題研究

金沢北条氏５代北条貞将［さだゆき］（生年未詳－1333）の肖像。正中元年（1324）11 月、貞将は六波羅探題南方として五千騎の兵を率いて上洛した。後醍醐天皇による最初の倒幕計画である正中の変に対応するためである。6 年間の京都での激務を終え、貞将は帰東する。『太平記』によると、元弘３年（1333）５月 22 日、貞将は鎌倉山内での合戦に敗れ、郎等 800 人を失い、自身も７か所の傷を負い、得宗高時が最後の地に選んだ北条氏の墓所東勝寺に向かうが、感激した高時は貞将を「両探題職」に任ずる御教書を与えた。これによって貞将が 17 代執権に就任したかどうかは異論もあるが、貞将は多年の望みが達成されたと述べ、御教書を鎧の下に入れて再び戦場に戻り、敵の大軍に突入して討死したという。画像は関靖『金澤文庫本圖録』（幽學社 1935・1936 年）より転載。

INTRODUCTION

第一章で戦前の六波羅探題の研究、第二章で戦後の六波羅探題の研究（通説の成立）、第三章で通説に対する異論の展開（本格的研究の開始）と、三章にわたって六波羅探題研究の軌跡をたどってきた。筆者の能力不足のために、必要な研究を外したり、取り上げた研究を誤読したりすることを恐れるばかりである。本章では、三章までに取り上げられなかったが、巻末に載せた『六波羅探題　研究の軌跡』年表の中から、六波羅探題の研究史にとって重要な研究を、簡単ではあるが紹介したい。

1　在京人と篝屋番役——五味克夫の研究

鎌倉御家人の番役勤仕

五味《ごみ》克夫《よしお》の研究は、「鎌倉御家人の番役勤仕について」（一）（二）（『史学雑誌』六三―九、一〇、一九五四年九月、十月）と「鎌倉幕府の番衆と供奉人について」（『鹿児島大学文理学部文科報告』七・史学四、一九五八年九月）の二本の論文である。鎌倉幕府の御家人制研究を目的として、御家人が負担する御家人役である京都大番役や鎌倉番役の成立、その制度的変遷、さらに御家人によって負担される大番役勤仕の実態や手続などを史料に基づいて総合的に明らかにした最初の研究である。

また、「在京人と篝屋《かがりや》」（上）（下）（『金沢文庫研究』九三、九四、一九六三年八月、九月）においても、鎌倉時代の洛中警固を担った篝屋制度に関する最初の研究論文であり、その成立や制度的変遷、さらに所在地や在京人によって勤仕される様相などが具体的に明らかにされた。

五味克夫著
『鎌倉幕府の御家人制と南九州』
（戎光祥出版、2016 年）

在京人と篝屋

『沙汰未練書』には、それぞれ「大番トハ内裏《だいり》警固番役也」、「篝屋トハ在京人役所也」、「在京人トハ洛中警固武士也」と記されている。五味克夫は、これを一般的に解釈すれば、「鎌倉時代、京都市中の警衛に当たった武士が在京人で、彼等が警衛役を勤仕するための詰所が篝屋」であるが、嘉暦三年（一三二八）正月十六日東大寺衆徒等申状案（『鎌倉遺文』㊴三〇一二七号、『東大寺文書』）の「在京人并篝屋」の記述を見ると、「篝屋守護人は全て在京人ではなく、在京人もまた必ずしも篝屋守護人であるとは限らない」と述べ、「在京御家人には大番役その他で上京してくるもの等、短期間、一時的に滞京するものと、常時在京して洛中の警衛に当り、或は六波羅に於いて執務するもの等があったと思われる。普通在京人と呼ばれるものはこの中、後者をさすものと考えられる」と、後に五味文彦よってに定義される「在京人」の認識にほぼ達していたといえる。鎌倉幕府の御家人制研究の基礎である京都大番役や鎌倉番役、篝屋役など御家人役に関する理解は五味克夫の研究によって準備されたといえる。

篝屋研究のその後

五味克夫の研究は、その後、塚本《つかもと》とも子「鎌倉時代篝屋制度の研究」（『ヒストリア』七六、一九七七年九月）により深められ、篝屋が幕府・六波羅・西国御家人・洛中住人にとって如何なる歴史的意味をもったかという視点から、篝屋が在京人のみによって勤仕されるようになること、篝屋守護人は在京人から選定され、六波羅探題の指揮をうけていたこと、篝屋番役の勤仕形態や篝屋用途の実態、篝屋と洛中住人との関係などを、史料を駆使して考察している。

さらに、下沢敦《しもざわあつし》は、「京都篝屋の一時中断・再開を巡る一考察」（杉山晴康編『裁判と法の歴史的展開』、一九九二年五月）、「京都篝屋の設置場所に関する試論」「同・補論」（『早稲田大学大学院法研論集』七七、七九、一九九六年四月、十月）で、篝屋の一時停止が九条道家勢力の削減、北条時頼政権の倹約・撫民重視主義に基づくものと述べ、篝屋の設置場所に関する実証的な研究をおこなっている。

2　在京人とその位置――五味文彦の研究

在京人とその位置

五味文彦《ごみふみひこ》の研究は、「使庁の構成と幕府―12～14世紀の洛中支配―」（『歴史学研究』三九二、一九七三年一月）と「在京人とその位置」（『史学雑誌』八三―八、一九七四年八月）の二本の論文である。二本の論文は、ともに院政期から南北朝期に至る約二百年におよぶ洛中支配の変遷を明らかにした画期的な研究である。

在京人から奉公衆へ

特に、鎌倉幕府の在京人《ざいきょうにん》と室町幕府の奉公衆《ほうこうしゅう》との関係を、洛中支配の視点から比較検討し、在京人の多くが室町幕府奉公衆に連続していくことが指摘される。また、篝屋守護人・六波羅評定衆を大番衆その他の在京勢力と区別されるところの「在京人」と規定し、その条件として、在京人を「不退在京奉公《ふたいざいきょうほうこう》、不退祗候《ふたいしこう》六《ろく》波羅《はら》」（『吾妻鏡』寛元元年十一月十日条）と定義した。佐藤進一は、「室町幕府開創期の官制体系」（石母田正《いしもだしょう》・佐藤進一編『中世の法と国家』）、一九六〇年三月）において、六波羅の奉行人・評定衆が建武政権・室町幕府と引き続いてその裁判機構に関わった事実を、詳細な事例で明らかにしているが、五味文彦は佐藤の研究をより豊富な視点・事例から実証したといえる。

五味論文所収
『歴史学研究』
（392号、1973年）

3　六波羅探題の裁判管轄について——稲葉仲道の研究

六波羅探題の裁判管轄の再検討

稲葉《いなば》仲道《のぶみち》の六波羅探題の裁判管轄についての研究は、「鎌倉幕府裁判制度覚書（一）—六波羅探題の裁判管轄について—」（『年報中世史研究』一五、一九九〇年五月、A論文）、「鎌倉後期の幕府寺社裁判制度について」（『名古屋大学文学部研究論集』五七、二〇一一年三月、B論文）の二本の論文である。

稲葉仲道の研究（A論文）は、六波羅探題の裁判管轄に関する佐藤進一の研究を再検討したものである。現在の定説である佐藤の考察は、稲葉のまとめによると以下の内容である。

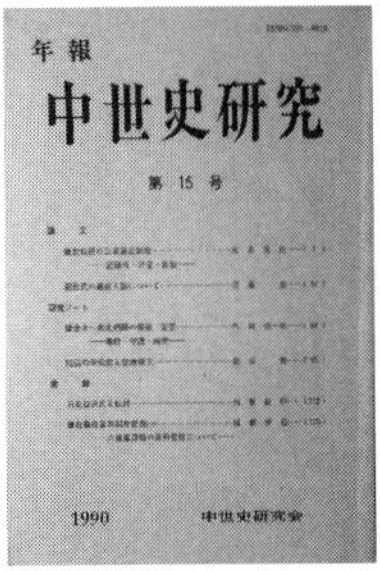

稲葉論文所収
『年報中世史研究』
（15号、1990年）

六波羅は西国地域における幕府裁判権の一部委譲を受けるが、その東限は尾張と加賀であった。その後、永仁五年（一二九七）まではこの管轄地域が続くが、元応元年（一三一九）までの間に尾張から三河にその地域が拡大し、この年の五月五日に六波羅管轄下の六箇国が関東に移管されることによって、その管轄地域は縮小された。すなわち、三河・伊勢・志摩が幕府政所、尾張・美濃・加賀が幕府問注所の管轄とされ、六波羅の管轄地域の東限は近江・伊賀・越前の線に後退した。しかし、翌年九月には元の管轄地域に戻され、以後、幕府滅亡まで六波羅の管轄地域の東限は三河、加賀であった。

稲葉は、定説の根拠となった永仁五年九月の「東大寺学侶《がくりょ》等申状」（『鎌倉遺文』㉟二七〇九三号、『東大寺文書』）の佐藤の解釈に疑問があるとする。この史料は、本書で〔史料6〕として紹介したものである。

史料の内容は、美濃国東大寺領茜部荘《あかなべのしょう》の年貢納入をめぐる東大寺学侶と地頭代の相論であるが、永仁四年に六波羅の法廷に提訴され、訴陳を番《つが》え審議されたが、同五年三月に関東に移管され、永仁六年六月十二日に前年十月の和与状に従って関東下知状が東大寺に下された。東大寺は朝廷に訴えて綸旨を得て、従来通り六波羅で判決が下されることを要求したが、幕府に却下された。

佐藤はこの申状に見える「尾張以西の沙汰は、六波羅の成敗たるべき旨、往古より定め置かれる」という東大寺の主張から、当時の六波羅の管轄地域が尾張以西と解釈したが、稲葉はこの申状の別の文言「尾張以西の御成敗の法は、本式条に還《かえ》り御沙汰あるべし」に注目し、この文言を「尾張以西は六波羅の沙汰とする法は永仁五年以前に変更されたが、同年九月ごろに本式条に戻された」と読むことができると主張された。

すなわち、稲葉は当時六波羅から関東に訴訟が移管されたのは、この茜部荘の案件だけではなく、尾張・美濃などにおける訴訟のすべてが関東に移管されたという仮説を提唱する。

得宗北条貞時の専制化

仮説の根拠として、稲葉は第一に、茜部荘における東大寺と地頭の相論は鎌倉時代を通して継続するが、関東に訴訟が移管されたのはこの永仁の訴訟だけであること。第二に、永仁前後の尾張における訴訟の事例を検討する。詳細な検討は稲葉論文を読んでいただきたいが、結論として、稲葉は以下のようにまとめる。

（一）尾張・美濃での訴訟を六波羅所管から関東の所管にするのではなく、六波羅での全訴訟の最終的判決を六波羅ではなく必ず関東で行い、関東下知状を発するという制度としたとする解釈。

（二）現存する六波羅下知状を通覧すると、正応五年（一二九二）八月二日の河内国通法寺《つうほうじ》領に関する相論の裁許から、永仁六年（一二九八）二月二日の摂津国輪田荘《わだのしょう》に関する相論の裁許まで、六波羅下知状は残されていない。

（三）永仁元年十月の幕府引付の廃止と執奏《しっそう》制の開始などに見られるように、得宗貞時による幕府政治の専制化が当時の政治の動きであった。その政治的背景を考慮すると、この六波羅裁判の関東移管は幕府の裁判権をはっきりと六波羅の上位におき、当時、朝廷の下部機構に組み込まれる危険性があった六波羅の権限を縮小したものと言えよう。

稲葉A論文は、関東と六波羅の裁判管轄に関する史料を、まったく視点を変え、鎌倉幕府の政治方針を反映した史料と解釈したのである。

訴訟内容の軽重による関東と六波羅の裁判管轄

稲葉B論文は、鎌倉後期の幕府寺社裁判制度を検討するなかで、関東と六波羅の裁判管轄の問題を、年貢未進をめぐる訴訟は六波羅、地頭と領家の荘園所務全体を対象とするものや、下地に関わるような訴訟は関東という訴訟内容の軽重による裁判管轄の違いがあったものと推定した。

稲葉伸道の研究は、六波羅探題の裁判制度全体を対象とするものではないが、史料に基づいて歴史を解釈する稲葉の研究姿勢がうかがえる好論文であった。

築地貴久の鎮西探題研究

永仁年間の得宗貞時の専制化政策により、六波羅の裁判権が縮小され関東に裁判権が集中するという稲葉伸道の研究は、その後、鎮西探題の成立を論じた築地《つきじ》貴久《たかひさ》「鎮西探題の成立と鎌倉幕府」（『明治大学文学研究論集』二八、二〇〇七年十月）に継承された。

築地は、鎮西探題の成立をめぐる学説を整理し、弘安九年（一二八六）七月十六日の追加法（『中法史』①五九四条）による鎮西談議所《だんぎしょ》の成立と永仁四年（一二九六）八月の金沢実政の鎮西下向をはさんで、永仁元年に鎮西惣奉行所《そうぶぎょうしょ》と呼ばれ下向した北条兼時《かねとき》・名越時家《なごえときいえ》の歴史的性格を検討する。鎮西談議所および金沢実政には、ともに所務沙汰裁断権（裁許状発給）が認められるのに、両者を結ぶ北条兼時・名越時家の時期に所務沙汰裁断権の行使が認められない理由として、稲葉説を引用し、得宗貞時による権力集中の時期が重なり、本来的には付与されるべき裁断権が、この時期だけ関東に剥奪《はくだつ》されたためと説いた。

4 悪党召し取りの構造――近藤成一・西田友広の研究

悪党召し捕りの構造

近藤成一《こんどうしげかず》の研究は、「悪党召し捕《と》りの構造」（永原慶二《ながはらけいじ》編『中世の発見』、一九九三年四月）と「両統迭立《りょうとうてつりつ》期の院宣と綸旨《りんじ》」（鎌倉遺文研究会編『鎌倉時代の政治と経済』、一九九九年四月）の二本の論文である。

近藤は、十三世紀末から十四世紀にかけて畿内を中心とする地域で「悪党」と呼ばれる人々の存在に注目し、悪党の実態が多様であるにもかかわらず、等しく「悪党」と呼ばれる理由を自問する。そして、「悪党」の名が多用される背後に想定される公武権力による悪党処分のシステム、それこそがこの時代に固有のものであり、悪党そのものではなく、「悪党召し取りの構造」を捕捉《ほそく》することを試みる。

悪党検断システムの成立

近藤は、最初に幕府法に見える「悪党」の語の意味を考える。その結果、「悪党」とは、国家としてはたすべき治安維持機能を王朝から継承した幕府が、その禁遏《きんあつ》すべき対象を指すために採用した用語と規定する。そして、伏見親政期（一二九〇～九九）に、違勅綸旨《いちょくりんじ》・違勅院宣が成立して悪党検断のシステムが確立し、本来幕府の管轄外であった本所一円地での紛争に、六波羅探題の武力を発動することが可能となったと結論する。

近藤成一著
『鎌倉時代政治構造の研究』
（校倉書房、2016 年）

近藤は、後者の論文で、本所からの要請で、六波羅探題に悪党召し取りを命ずる文書様式である院宣・綸旨の両統迭立期の発給主体を考察した。院宣・綸旨の研究は、『綸旨・院宣の網羅的収集による帰納的研究』（一九九六～九八年度文部科学省科学研究費補助金研究成果報告書、研究代表近藤成一、一九九九年三月）の成果でもある。

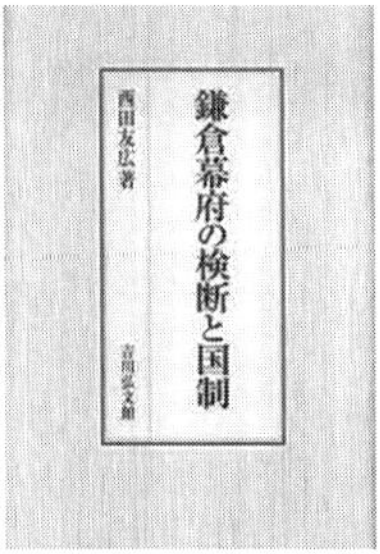

西田友広著
『鎌倉幕府の検断と国制』
（吉川弘文館、2011 年）

鎌倉後期の幕府・朝廷の検断体制

近藤成一の研究は、その後、西田友広《にしだともひろ》「鎌倉幕府検断体制の構造と展開」（『史学雑誌』一一一―八、二〇〇二年八月）、「鎌倉時代の朝廷の検断権と幕府―衾宣旨《ふすまのせんじ》・衾御教書《ふすまのみきょうしょ》を材料として―」（『日本史研究』四九三、二〇〇三年九月）、「衾宣旨補論―その効力について―」（『鎌倉遺文研究』二三、二〇〇九年四月）や木村英一「鎌倉後期の悪党検断方式に関する覚書」（同著『鎌倉時代公武関係と六波羅探題』、二〇一六年一月）の研究によって継承され深められていく。

5　金沢北条氏の研究――永井晋の研究

金沢北条氏の研究

永《なが》井《い》晋《すすむ》の研究は、『金沢貞顕』（吉川弘文館・人物叢書、二〇〇三年七月）と『金沢北条氏の研究』（八木書店、二〇〇六年十二月）の二冊の著書で代表される。永井は、神奈川県立金沢文庫に学芸員として勤務し、二〇〇八年には、国学院大学から「金沢北条氏の研究」で文学博士の学位を授与されている。

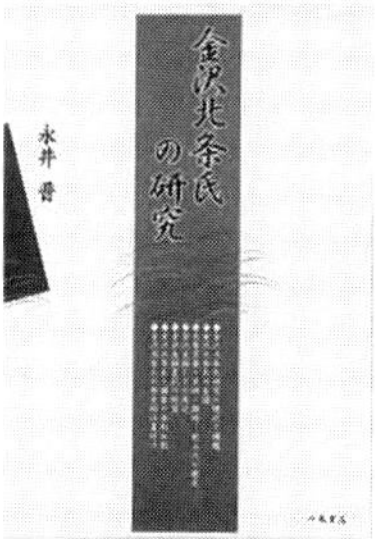

永井晋著
『金沢北条氏の研究』
（八木書店、2006年）

金沢文庫は、鎌倉時代中期に金沢《かねさわ》流《りゅう》北条実時によって設立された武家の文庫であり、政治・文化・歴史など数多くの書籍が取集された。現在は、神奈川県立金沢文庫の名称で歴史博物館となり、『金沢文庫文書』（国宝）をはじめとして、様々な所蔵品を保管・展示している。『金沢文庫文書』には、金沢北条氏一族や称名寺の僧侶等の書状が四〇〇〇通も伝来している。

『金沢文庫文書』の研究

金沢北条氏四代北条貞顕《さだあき》は、乾元元年（一三〇二）～延慶元年（一三〇八）まで六波羅南方、同三年～正和三年（一三一四）まで六波羅北方を務め、その後連署を経て執権に就任した人物。その子である貞将《さだゆき》は正中元年（一三二四）～元徳二年（一三三〇）まで六波羅南方を務めており、六波羅探題在任中の書状を多数残している。

永井晋は、神奈川県立金沢文庫の学芸員として、『金沢文庫文書』の研究に従事し、前記の研究成果と共に、角田朋彦《つのだともひこ》・野村朋弘《のむらともひろ》共編『金沢北条氏編年資料集』（八木書店、二〇一三年三月）も重要な研究成果である。

6　外岡慎一郎「六波羅―両使制」への批判――佐藤秀成・加藤克・本間志奈の研究

六波羅探題発給文書の伝達経路

佐藤秀成《さとうひでなり》の研究は、「六波羅探題発給文書の伝達経路に関する若干の考察」（『古文書研究』四一・四二合併号、一九九五年十二月）である。

佐藤は、六波羅探題発給文書の伝達経路を確認し、守護代宛の場合と守護宛の場合との違いを指摘、六波羅探題は「関東を凌駕《りょうが》できないでいた中間統括機関」、「六波羅探題は中継点・文書施行機関としての側面を拭いきれなかった」と評価した。

佐藤秀成著
『鎌倉幕府文書行政論』
（吉川弘文館、2019 年）

「六波羅奉行国」の研究

加藤克《かとうまさる》の研究は、「『六波羅奉行国』に関する一考察」

（『北大史学』三七、一九九七年十一月）である。

加藤は、六波羅探題の文書発給および受給形式が建治三年（一二七七）に整備されることを指摘し、守護正員の存在しない西国諸国に、文永・弘安期以降、六波羅探題の守護兼帯国において、少なくとも文書発給面では六波羅探題としての職務と守護としての職務は明確に区別されていたこと、守護正員不在の西国諸国に六波羅探題が奉行人を派遣し、「六波羅奉行国」として守護の職務を代行していたことを主張している。

六波羅探題使節の研究

本間志奈《ほんましな》の研究は、「鎌倉幕府派遣使節について――六波羅探題使節を中心に――」（『法政史学』六九、二〇〇八年三月）である。

本間は、「六波羅より使節として派遣された人物の性格を再検討し、使節選抜の最も重要な要素は対象国・地域内に本拠・所領を有するなど何らかの関係を持つことだ」とし、対象国・地域への影響力を有した御家人への依存を前提としたシステムとして六波羅探題使節を再評価した。

7 「西国成敗」の確立過程——工藤祐一の研究

鎌倉中期の六波羅探題の研究

工藤祐一《くどうゆういち》の研究は、「六波羅の国制的地位について—権門間の荘園紛争を事例に—」（『日本社会史研究』九六・九七合併号、二〇一二年五月）、「六波羅探題の成立と『西国成敗』」（『鎌倉遺文研究』三七、二〇一六年四月）、「鎌倉時代の荘園紛争と六波羅探題の問注記—紀伊国名手荘《なでのしょう》・丹《に》生屋村《うのやむら》間の紛争を事例に—」（『学習院史学』五七、二〇一九年三月）の三本の論文である。この中、特に重要な『鎌倉遺文研究』三七に掲載された論文を紹介する。

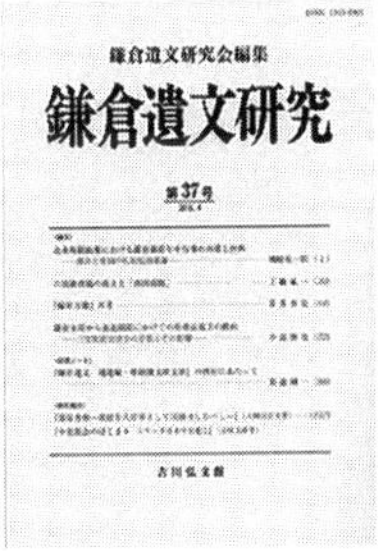

工藤論文所収
『鎌倉遺文研究』
（37号、2016年）

佐藤進一の発言をもう一度引用すると、「文永以前の訴訟分類、管轄権分配も不明であり論外とする」と述べており、また、木村英一も「これまでの六波羅探題の研究が、関係史料の残存状況から、分析が鎌倉後期に偏る傾向にあった」と述べており、鎌倉時代後期より以前の六波羅探題の研究は十分に解明されていないのである。

「西国成敗」の成立過程

工藤祐一は、この課題に取り組み、六波羅探題での問注・対決手続に着目し、関東と六波羅探題との業務分掌・連携関係という切り口から、六波羅探題における「西国成敗」の成立過程を跡づけた。工藤は、要点を次のようにまとめている。

（一）　治承・寿永の内乱以来、幕府は地頭職の設置を通じて、地頭と本所領家との紛争を構造的に抱えることになった。源頼朝の政策基調は、本所領家が幕府に訴える場合、朝廷・院を経由することを求めるものであった。

（二）　承久の乱後も、地頭・地頭代が本所領家と紛争になるという構造自体は変化しなかったが、戦前に本所が経由していた朝廷・院が担っていた裁定機能が実質的に消滅した。その結果、多くの訴訟がなし崩し的に幕府に直接持ち込まれるようになった。幕府もその社会的な期待に応える必要性を認識し、京都占領軍であった六波羅探題を、幕府の紛争解決の一端を担う存在として定位した。

（三）六波羅探題における「西国成敗」確立の契機は、社会から幕府に向けられた紛争解決の期待や要求と、それに対する幕府の応答、という文脈の中に見出される。「召文《めしぶみ》違《い》背《はいの》咎《とが》」「下《げ》知《ち》違《い》背咎《はいのとが》」に連続する立法は、六波羅探題を〈問注・対決の場〉として公式化するとともに、訴人に対する法廷としての責任を示すものである。

（四）北条泰時・時房は、執権・連署に就任した後、六波羅探題時代における経験を幕府法に反映させ、論人の六波羅探題への出廷を幕府法で規定することによって紛争手続の手順は分節化され、問注・対決手続は関東から独立する形で六波羅探題に分掌された（工藤は、この機能を「六波羅探題固有の法務」と呼ぶ）。六波羅探題は、対話交換の「場」を提供し、必要に応じて裁許を下した。

工藤の研究は、鎌倉時代後期以前の六波羅探題の「西国成敗」の実態に関して、事例を踏まえて検討したものであり、佐藤が不明で論外とした「文永以前の訴訟分類、管轄権分配」にメスを入れたものである。

おわりに――六波羅探題研究の今後の課題

『六波羅探題　研究の軌跡』年表

六波羅探題の研究の軌跡をたどる旅を、ようやく終えることができた。最後に、この旅を経験して、これからの六波羅探題研究にどのように活かすことができるのかを考えてみよう。巻末に付けた『六波羅探題　研究の軌跡』年表をご覧いただきたい。六波羅探題の研究を主題とした一七二点の著書・論文を編年で並べたものである。この年表を考察することで、六波羅探題研究の今後の課題が見えてくると思う。

六波羅探題研究の始まり――通説の成立

六波羅探題の研究が始まったのは、戦後の中世史研究からであった。第二章では、佐藤進《さとうしん》一《いち》・上横手雅敬《うわよこてまさたか》・瀬野精一郎《せのせいいちろう》・五味文彦《ごみふみひこ》の研究の軌跡をたどった。他に、五味克夫《ごみよしお》の大番役・篝屋《かがりや》・在京人の研究と五味文彦の在京人の研究も含める必要があるが、これらの研究によって六波羅探題に関する通説が形成された。共通する点は、京都に設置されたにもかかわらず、六波羅探題を幕府の出先機関としてのみ捉えていることである。

六波羅探題の実態・機能の研究──通説への異論

こうした通説に対して、六波羅探題と公家政権との関係を視野に入れて、六波羅探題の様々な実態や機能を考察していったのが、第三章で取り上げた外岡慎一郎《とのおかしんいちろう》・森茂暁《もりしげあき》・森幸夫《もりゆきお》・高橋慎一朗《たかはししんいちろう》の研究、六波羅探題研究の四人組である。四人組の研究が始まったのは一九八四年である。年表に掲載した一七二点の研究の内訳は、一九八四年以前はわずか四〇点、以後は一三二点を数える。六波羅探題の研究は三倍以上に増大したのである。

熊谷隆之の六波羅探題研究──新たな通説の成立

熊谷隆之《くまがいたかゆき》の六波羅探題の研究が登場すると、熊谷はこれまでの六波羅探題研究の通説に次々とメスを入れ、六波羅探題研究は一挙に高いレベルに到達した。しかし、二〇一〇年以降、ここ十年間の六波羅探題研究はわずかに二七点しかない。六波羅探題の研究は順調に発展したのではなく、最近の中世史研究において盛んであるとはまったくいえないのである。何が原因であろうか。

六波羅探題研究の今後の課題

近年の歴史学で常にいわれることは、研究分野の細分化によって、全体を見渡す研究が少ないということである。その最大の要因として指摘できることは、「はじめに」でも触れたが、日本中世史に関する新書や選書が数多く出版される中で、その叙述の中に見える研究史を軽視する態度である。一般の読者への受けを狙って、大切にしなければならない先人の研究をこき下ろすような叙述をよく目にする。

歴史学を学ぶことを決心した時に、史料はもちろん大切であるが、私が最も大切にしたものは、先人たちの研究に真摯《しんし》に向き合うことであった。本書をまとめたいと思った動機である。第四章でも述べたが、六波羅探題研究の最大の弱点は、鎌倉後期以前の研究である。また、建治三年末の北条時村・時国の探題就任による画期は、多くの研究者が触れているが、北条時村・時国探題期の歴史的位置づけを総合的に行うことも大切である。

また、一九八四年以降の六波羅探題研究の活発化は、六波羅探題が京都に設置され、公家政権との関係に視点を移した結果であるといえるが、幕府との関係はどのように評価できるのか。

木村英一が述べるように、関東と朝廷と六波羅の三者の関係を鎌倉時代の政治史に即し検討していくことも今後の課題である。

最後に、六波羅探題と室町幕府との関係をどのように評価するか、六波羅探題の滅亡の評価とあわせて検討したい課題である。

あとがき

将来は医者となって人々の役に立ちたいという夢を抱いていた私が、理系から文転して歴史学を学ぶ決意をしたのは、高校二年の夏休みだった。三〇倍という受験倍率を何とか突破して、早稲田大学教育学部社会科地理歴史専修に入学したのは一九七四年四月であった。以来、学問をする以上、誰にも負けない研究をしたいと、東海道線小田原駅上り六時一分の始発に乗って高田馬場《たかだのばば》の大学に通った。

最初は中国史の勉強から始めた。講談社から『中国の歴史』全十巻が出版され、むさぼるように読んだ記憶がある。何を専門にするか決まらなかった私が、日本の中世史、特に鎌倉時代の勉強を始めるきっかけとなったのが、鎌倉遺文研究会との出会いである。一年の秋に、クラスの女子学生から誘われて月一回の研究会に出席するようになった。

学会としての機能を持ち、『鎌倉遺文研究』という会誌も発行している現在の鎌倉遺文研究会ではなく、鎌倉時代の編年の古文書集である『鎌倉遺文』の編者である竹内理三《たけうちりぞう》先生の第一文学部の研究室で、担当者が事前にあてられた古文書を読み、その意味や言葉を解説、さらにその史料と関係する論文一本を紹介して自分の考えも述べる、という大学一年生にはとても難しい研究会だった。

鎌倉時代の古文書をはじめて読み、最初はどこを読んでいるのかもわからなかった。古文書をすらすらと読み、研究論文を紹介し、レジュメを作成して自分の意見を述べる先輩方の発表は神業のようで毎回圧倒されていた。しかし、まもなく自分も担当者となってしまい、大隅《おおすみの》国禰寝文書《くにねじめもんじょ》の一通を選び、漢和辞典をひきながら必死で読み、義江彰夫「在地領主における所領所有とその歴史的性格──十一世紀後半より十三世紀末にいたる──」(『歴史学研究』三四三)を取り上げ、レジュメを作成して何か発言したような記憶がある。先輩たちはだまって私の発表を聞いてくれた。大学一年の冬である。

以来、四十五年間にわたり鎌倉時代の勉強をしている。鎌倉時代の古文書という未知の史料に魅かれてしまったのかもしれない。私は教育学部在籍であったが、第一文学部の竹内理三先生に卒論の指導をお願いした。他学部の学生に対し、先生は即決で承諾してくれた。三年の春から、高円寺にある先生のご自宅で、月一回の卒論指導をしていただいた。毎回、学生たちが卒論のテーマや進行具合を報告し、竹内先生から助言をいただくというものである。今から思うと、何てぜいたくで幸せな時間を過ごしていたかと思う。

当時の私は、「日本の古代から中世への転換をいかに理解するか、歴史を変革する主体を民衆に求め、十一〜十二世紀の変動期に民衆が対決すべき権力のシステム、特に当該期の地方において権力の中心にあった国司権力の役割を再検討し、かかる権力に対して民衆のさまざまな行動——開発や連帯——が、歴史をいかに創造し変革していくかを解明したい」などと考え、そのために中世的な国衙領の形成される過程を卒論のテーマにしようと考えていた。

先生は、ご自身の「保の成立」（森克己《もりかつみ》博士還暦記念論文集『対外関係と社会経済』）という論文を貸してくださり、またある日、大山喬平《おおやまきょうへい》「国衙領における領主制の形成」（『史林』四三―一）の論理の明快さを話したところ、書斎から持ってきた一枚の名刺の裏に「久保田和彦君を紹介する」という一文を書いてくださり、「これを持って大山君に会ってきなさい」といわれました。大変びっくりしましたが、四年生の夏休み、京都大学文学部教授大山喬平に会うため、電話でアポを取り、京都大学の研究室を訪ねたことを今でも鮮明に覚えている。

全員の卒論指導が終わると、奥様がお茶を入れて下さり、みんなで持ち寄ったお菓子などを食べるのが指導後の通例であったが、竹内先生はいろいろな話を聞かせてくれた。研究者として必要な「運《うん》・鈍《どん》・根《こん》」（鈍であることが大切）のお話し、ひとつのテーマを十年間続けて追及することができたら、そのテーマに関する専門家になれる、などのお話しを今でも覚えている。

卒論の口述試験が終わり、卒業が決まった後、大学近くの寿司屋で先生を囲む会が開かれた。先生は、自費出版された御著書を学生全員に下さり、その表紙裏に自筆で「学無窮」（学ぶことに終わりはない、学び続けなさいという意味）という言葉を書いていただいた。忘れられない記憶である。

大学を卒業して、十年間などとっくに過ぎ去り、ようやく一冊の著書を書くことができた。まったくこれほど遅い、牛歩のような学問の歩みはないだろう。本書の執筆を勧めていただいた生駒哲郎氏に感謝申し上げる。

二〇一九年七月二日

筆　者

参考文献

＊第一章　戦前の六波羅探題研究

石井良助『中世武家不動産訴訟法の研究』（弘文堂書房、一九三八年）。二〇一八年に高志書房から再刊された。

石井良助「鎌倉時代の裁判管轄―主として武家裁判所の管轄―」（一）（二・完）（『法学協会雑誌』五七―九、一〇、一九三九年九月、十月）。

石井良助「東国と西国―鎌倉時代における―」（『国家学会雑誌』七三五、一九五二年八月）。同著『大化改新と鎌倉幕府の成立』（創文社、一九五八年）に再録。

三浦周行『鎌倉時代史』（早稲田大学出版部、一九〇七年）。

和田英松『官職要解』（明治書院、一九〇二年九月）。一九八三年に講談社学術文庫として再刊。

＊第二章　戦後の六波羅探題の研究――通説の成立

上横手雅敬「六波羅探題の成立」（『ヒストリア』七、一九五三年八月）。

上横手雅敬「六波羅探題の構造と変質」（『ヒストリア』一〇、一九五四年十一月）。

上横手雅敬「六波羅探題と悪党」（『金沢文庫研究』五九、一九六〇年八月）。以上、三論文ともに同著『鎌倉時代政治史研究』（吉川弘文館、一九九一年六月）に再録。

上横手雅敬『北条泰時』（吉川弘文館・人物叢書、一九五八年十一月）。

上横手雅敬「六波羅の北条重時」（『日本文化季報』三―四、一九七九年五月）。後に同著『鎌倉時代―その光と影』（吉川弘文館、一九九四年五月）に再録。

五味文彦「執権・執事・得宗―安堵と理非―」（石井進編『中世の人と政治』、吉川弘文館、一九八八年）。後に同著『吾妻鏡の方法』（吉川弘文館、一九九〇年一月）に再録。

佐藤進一『鎌倉幕府訴訟制度の研究』（畝傍書房、一九四三年四月）。一九四六年一月に目黒書房から重版。さらに、一九九三年二月に岩波書店より復刊された。

佐藤進一「鎌倉幕府政治の専制化について」（竹内理三編『日本封建制成立の研究』、吉川弘文館、一九五五年二月）。後に同著『日本中世史論集』（岩波書店、一九九〇年十二月）に再録。

佐藤進一『古文書学入門』（法政大出版局、一九七一年）。同著『新版・古文書学入門』（法政大出版局、一九九七年四月）。佐藤氏の引用は新版による。

瀬野精一郎『鎌倉幕府裁許状集』上下巻（一九七〇年十二月）。増補版は一九八七年十一月に再刊。

瀬野精一郎「鎮西における六波羅探題の権限」(竹内理三編『九州史研究』、お茶の水書房、一九六八年六月)。後に同著『鎮西御家人の研究』(吉川弘文館、一九七五年二月)に再録。
中田　薫「鎮倉室町両幕府ノ官制ニ付テ」(『法学協会雑誌』三〇—一〇、一九一二年十月)。後に同著『法制史論集』第三巻(岩波書店、一九四三年)に再録。

＊第三章　通説に対する異論の展開——六波羅探題の本格的研究の開始

石井良助『中世武家不動産訴訟法の研究』(弘文堂書房、一九三八年)。

岡　邦信「鎌倉幕府後期に於ける訴訟制度の一考察—引付廃止と『重事直聴断』をめぐって—」(『法制史研究』三五、一九八五年三月)。同著『中世武家の法と支配』(信山社、二〇〇五年三月)に再録。

木村英一「鎌倉後期の勅命施行と六波羅探題」(『ヒストリア』一六七、一九九九年十一月)。木村A論文。

木村英一「六波羅探題の成立と公家政権—『洛中警固』を通して—」(『ヒストリア』一七八、二〇〇二年一月)。木村B論文。

木村英一「鎌倉幕府京都大番役の勤仕先について」(『待兼山論叢』史学篇三六、二〇〇二年十二月)。木村C論文。

木村英一「鎌倉時代の寺社紛争と六波羅探題」（『史学雑誌』一一七―七、二〇〇八年七月）。

木村D論文。以上の四論文とともに、同著『鎌倉時代公武関係と六波羅探題』（清文堂、二〇一六年一月）に再録。

木村英一著『鎌倉時代公武関係と六波羅探題』（清文堂、二〇一六年一月）。

久保田和彦「六波羅探題発給文書の研究―北条泰時・時房探題期について―」（『日本史研究』四〇一、一九九六年一月）。拙稿A。

久保田和彦「六波羅探題発給文書の研究―北条重時・時盛探題期について―」（鎌倉遺文研究Ⅰ『鎌倉時代の政治と経済』、東京堂出版、一九九九年五月）。拙稿B。

久保田和彦「六波羅探題発給文書の研究―北条時氏・時盛探題期について―」（『年報三田中世史研究』七、二〇〇〇年十月）。拙稿C。

久保田和彦「六波羅探題北条長時発給文書の研究」（『日本史攷究』二六、二〇〇一年十一月）。拙稿D。

久保田和彦「六波羅探題発給文書の研究―北条時茂・時輔・義宗探題期について―」（北条氏研究会編『北条時宗の時代』、八木書店、二〇〇八年五月）。拙稿E。

久保田和彦「北条時房と重時―六波羅探題から連署へ―」（平雅行編『公武権力の変容と仏教界』、清文堂出版、二〇一四年七月）。拙稿F。

熊谷隆之「六波羅探題発給文書に関する基礎的考察」(『日本史研究』四六〇、二〇〇〇年十二月)。熊谷A論文。

熊谷隆之「六波羅施行状について」(『鎌倉遺文研究』八、二〇〇一年十月)。熊谷B論文。

熊谷隆之「六波羅における裁許と評定」(『史林』八五―六、二〇〇二年十一月)。熊谷C論文。

熊谷隆之「六波羅・守護体制の構造と展開」(『日本史研究』四六〇、二〇〇三年七月)。熊谷D論文。

熊谷隆之「六波羅探題任免小考―『六波羅守護次第』の紹介とあわせて―」(『史林』八六―六、二〇〇三年十一月)。熊谷E論文。

熊谷隆之「六波羅探題考」(『史学雑誌』一一三―七、二〇〇四年七月)。熊谷F論文。

熊谷隆之「御教書・奉書・書下―鎌倉幕府における様式と呼称―」(上横手雅敬編『鎌倉時代の権力と制度』、思文閣出版、二〇〇八年九月)。熊谷G論文。

熊谷隆之「鎌倉幕府の裁許状と安堵状―安堵と裁許のあいだ―」(『立命館文学』六二四、二〇一二年一月)。熊谷H論文。

五味文彦「在京人とその位置」(『史学雑誌』八三―八、一九八九年三月)。

五味克夫「在京人と篝屋」(上・下)(『金沢文庫研究』九三、九四、一九六三年八月、九月)。

近藤成一「文書様式にみる鎌倉幕府権力の転回―下文の変質―」(『古文書研究』一七・一八

合併号、一九八一年十二月）。

近藤成一「悪党召し捕りの構造」（永原慶二編『中世の発見』、吉川弘文館、一九九三年四月）。

近藤成一「鎌倉幕府裁許状の事書について」（皆川完一編『古代中世史料学研究』下、吉川弘文館、一九九八年十月）。

近藤成一「両統迭立期の院宣と綸旨」（鎌倉遺文研究会編『鎌倉時代の政治と経済』、東京堂出版、一九九九年四月）。

近藤成一「鎌倉幕府裁許状の日付」（『鎌倉遺文研究』四、一九九九年十月）。

近藤成一「鎌倉幕府裁許状再考」（『東北中世史研究会会報』一九、二〇一〇年三月）。以上の六論文は、同著『鎌倉時代政治構造の研究』（校倉書房、二〇一六年一月）に再録。

佐藤進一著『増訂鎌倉幕府守護制度の研究』（東京大学出版会、一九七一年六月）。

高橋慎一朗「六波羅探題被官と北条氏の西国支配」（『史学雑誌』九八―三、一九八九年三月）。

高橋慎一朗「『武家地』六波羅の成立」（『日本史研究』三五二、一九九一年十二月）。

高橋慎一朗「空間としての六波羅」（『史学雑誌』一〇一―六、一九九二年六月）。

高橋慎一朗「六波羅と洛中」（五味文彦編『中世を考える都市の中世』、吉川弘文館、一九九二年十二月）。以上の四論文ともに、同著『中世の都市と武士』、吉川弘文館、一九九六年八月）に再録。

高橋慎一朗「六波羅探題被官の使節機能」(『遥かなる中世』一〇、一九八九年十月)。

塚本とも子「鎌倉時代篝屋制度の研究」(『ヒストリア』七六、一九七七年九月)。

外岡慎一郎「六波羅探題と西国守護―〈両使〉をめぐって―」(『日本史研究』二六八、一九八四年十二月)。

外岡慎一郎「鎌倉後期の公武交渉について―公武交渉文書の分析―」(『敦賀論叢』一、一九八七年一月)。以上二論文ともに、同著『武家権力と使節遵行』(同成社、二〇一五年五月)に再録。

外岡慎一郎「鎌倉末~南北朝期の守護と国人―『六波羅―両使制』再論―」(『ヒストリア』一三三、一九九一年十二月)。

外岡慎一郎「六波羅探題の領分」(同著『武家権力と使節遵行』、同成社、二〇一五年五月)。

森　茂暁「鎌倉期の公武交渉関係文書について―朝廷から幕府へ―」(『金沢文庫研究』二七三、一九八四年九月)。

森　茂暁「公武交渉における六波羅探題の役割―『西国成敗』とその周辺―」(『古文書研究』二八、一九八七年十二月)。

森　茂暁「公武交渉における六波羅探題の役割―『洛中警固』とその周辺―」(『日本歴史』四七七、一九八八年二月)。以上三論文ともに、同著『鎌倉時代の朝幕関係』(思文閣出版、一九九一年六月）に再録。
森　茂暁「六波羅探題と検非違使庁」（同著『鎌倉時代の朝幕関係』、思文閣出版、一九九一年六月）に収録。
森　幸夫「六波羅探題職員ノート」（『三浦古文化』四二、一九八七年十一月）。
森　幸夫「南北両六波羅探題についての基礎的考察」（『国史学』一三三、一九八七年十二月）。
森　幸夫「六波羅探題職員ノート・補遺」（『国学院雑誌』九一―八、一九九〇年八月）。
森　幸夫「六波羅評定衆考」（小川信先生の古稀記念論集を刊行する会編『日本中世政治社会の研究』、続群書類従完成会、一九九一年三月）。
森　幸夫「六波羅奉行人の出自に関する考察」（『金沢文庫研究』三〇九、二〇〇二年十月）。
以上五論文ともに、同著『六波羅探題の研究』（続群書類従完成会、一九九一年三月）に再録。
森　幸夫『六波羅探題の研究』（続群書類従完成会、一九九一年三月）。
森　幸夫「六波羅奉行人斎藤氏の概観」「六波羅探題の展開過程」（同著『六波羅探題の研究』、思文閣出版、一九九一年六月）に収録。
森　幸夫『北条重時』（吉川弘文館・人物叢書、二〇〇九年十月）。
森　幸夫「六波羅評定衆長井氏の考察」（『ヒストリア』二三七、二〇一三年四月）。
森　幸夫「鎌倉末期の六波羅探題―崇顕（金沢貞顕）書状から―」（『年報三田中世史研究』

二一、二〇一四年十月）。以上二論文ともに、同著『中世の武家官僚と奉行人』（同成社、二〇一六年一月）に再録。
森　幸夫「探題執事佐治重家の活動」（同著『中世の武家官僚と奉行人』、同成社、二〇一六年一月）に収録。
森　幸夫「六波羅探題と執権・連署」（日本史史料研究会編『将軍・執権・連署―鎌倉幕府権力を考える―』、吉川弘文館、二〇一八年三月）。

＊第四章　近年の六波羅探題研究と今後の課題

稲葉伸道「鎌倉幕府裁判制度覚書（一）―六波羅探題の裁判管轄について―」（『年報中世史研究』一五、一九九〇年五月）。稲葉A論文。

稲葉伸道「鎌倉後期の幕府寺社裁判制度について」（『名古屋大学文学部研究論集』五七、二〇一一年三月）。稲葉B論文。

加藤　克「『六波羅奉行国』に関する一考察」（『北大史学』三七、一九九七年十一月）。

工藤祐一「六波羅の国制的地位について―権門間の荘園紛争を事例に―」（『日本社会史研究』九六・九七合併号、二〇一二年五月）。

工藤祐一「六波羅探題の成立と『西国成敗』」（『鎌倉遺文研究』三七、二〇一六年四月）。

工藤祐一「鎌倉時代の荘園紛争と六波羅探題の問注記―紀伊国名手荘・丹生屋村間の紛争を事例に―」(『学習院史学』五七、二〇一九年三月)。

五味文彦「使庁の構成と幕府―十二~十四世紀の洛中支配―」(『歴史学研究』三九二、一九七三年一月)。

五味文彦「在京人とその位置」(『史学雑誌』八三―八、一九八九年三月)。

五味克夫「鎌倉御家人の番役勤仕について」(一・二)(『史学雑誌』六三―九、十、一九五四年九月、十月)。

五味克夫「鎌倉幕府の番衆と供奉人について」(『鹿児島大学文理学部文科報告』七・史学四、一九五八年九月)。

五味克夫「鎌倉幕府の御家人体制―京都大番役の統制を中心に―」(『歴史教育』一一―七、一九六三年七月)。

五味克夫「在京人と篝屋」(上・下)(『金沢文庫研究』九三、九四、一九六三年八月、九月)。以上の四論文は、同著『鎌倉幕府の御家人制と南九州』(戎光祥出版、二〇一六年八月)に再録。

近藤成一「悪党召し捕りの構造」(永原慶二編『中世の発見』、吉川弘文館、一九九三年四月)。

近藤成一「両統迭立期の院宣と綸旨」(鎌倉遺文研究会編『鎌倉時代の政治と経済』、東京堂出版、一九九九年四月）。

齋藤　潤「鎌倉幕府在京人制成立試論」（羽下徳彦先生退官記念論集『中世の杜』、一九九七年三月）。

佐藤進一「室町幕府開創期の官制体系」（石母田正・佐藤進一編『中世の法と国家』、東京大学出版会、一九六〇年三月）。同著『日本中世史論集』（岩波書店、一九九〇年十二月）に再録。

佐藤秀成「六波羅探題発給文書の伝達経路に関する若干の考察」（『古文書研究』四一・四二合併号、一九九五年十二月）。同著『鎌倉幕府文書行政論』（吉川弘文館、二〇一九年二月）に再録。

下沢　敦「京都篝屋の一時中断・再開を巡る一考察」（杉山晴康編『裁判と法の歴史的展開』、一九九二年五月）

下沢　敦「京都篝屋の設置場所に関する試論」「同・補論」（『早稲田大学大学院法研論集』七七、七九、一九九六年四月、十月）。

塚本とも子「鎌倉時代篝屋制度の研究」（『ヒストリア』七六、一九七七年九月）。

築地貴久「鎮西探題の成立と鎌倉幕府」（『明治大学文学研究論集』二八、二〇〇七年十月）。

永井　晋著『金沢貞顕』（吉川弘文館・人物叢書、二〇〇三年七月）。

永井晋・角田朋彦・野村朋弘共編『金沢北条氏編年資料集』(八木書店、二〇一三年三月)。

永井　晋著『金沢北条氏の研究』(八木書店、二〇〇六年十二月)。

西田友広「鎌倉幕府検断体制の構造と展開」(『史学雑誌』一一一—八、二〇〇二年八月)。

西田友広「鎌倉時代の朝廷の検断権と幕府—衾宣旨・衾御教書を材料として—」(『日本史研究』四九三、二〇〇三年九月)。

西田友広「衾宣旨補論—その効力について—」(『鎌倉遺文研究』二三、二〇〇九年四月)。

本間志奈「鎌倉幕府派遣使節について—六波羅探題使節を中心に—」(『法政史学』六九、二〇〇八年三月)。

『六波羅探題　研究の軌跡』年表

西暦	元号	月	研究者・論文名（書名）・掲載誌
一九四三	昭和18	4	佐藤進一『鎌倉幕府訴訟制度の研究』（畝傍書房）
			佐藤進一「六波羅探題」（同著『鎌倉幕府訴訟制度の研究』）
一九四八	〃23	9	佐藤進一『鎌倉幕府守護制度の研究―諸国守護沿革考證篇―』（要書房）
一九五三	〃28	8	上横手雅敬「六波羅探題の成立」（『ヒストリア』七）
一九五四	〃29	9	五味克夫「鎌倉御家人の番役勤仕について」（一）（『史学雑誌』六三―九）
		10	五味克夫「鎌倉御家人の番役勤仕について」（二）（『史学雑誌』六三―一〇）
		11	上横手雅敬「六波羅探題の構造と変質」（『ヒストリア』一〇）
一九五八	〃33	9	五味克夫「鎌倉幕府の番衆と供奉人について」（『鹿児島大学文理学部文科報告』七・史学四）
		11	上横手雅敬『北条泰時』（吉川弘文館・人物叢書）
一九六〇	〃35	2	羽下徳彦「『検断沙汰』おぼえがき」（一）（『中世の窓』四）
		3	佐藤進一「室町幕府開創期の官制体系」（石母田正・佐藤進一編『中世の法と国家』）
		5	羽下徳彦「『検断沙汰』おぼえがき」（二）（『中世の窓』五）

一九六〇	昭和35	8	上横手雅敬「六波羅探題と悪党」(『金沢文庫研究』五九)
		10	羽下徳彦「『検断沙汰』おぼえがき」(三)(『中世の窓』六)
		12	羽下徳彦「『検断沙汰』おぼえがき」(四)(『中世の窓』七)
一九六二	〃37	6	小泉宜右「伊賀国黒田荘の悪党」(稲垣泰彦・永原慶二編『中世の社会と経済』)
一九六三	〃38	2	黒田俊雄「中世の国家と天皇」(『岩波講座日本歴史』六・中世二)
		7	五味克夫「鎌倉幕府の御家人体制—京都大番役の統制を中心に—」(『歴史教育』一一—七)
		8	五味克夫「在京人と篝屋」(上)(『金沢文庫研究』九三)
		9	五味克夫「在京人と篝屋」(下)(『金沢文庫研究』九四)
一九六七	〃42	3	黒田俊雄「鎌倉時代の国家機構—薪・大住両荘の争乱を中心に—」(清水盛光・会田雄次編『封建国家の権力機構』)
一九六八	〃43	6	瀬野精一郎「鎮西における六波羅探題の権限」(竹内理三編『九州史研究』)
一九七一	〃46	5	井上満郎・川島将生「六波羅探題」(京都市編『京都の歴史』2「中世の明暗」)
			黒田紘一郎「中世京都の警察制度」(同志社大学人文科学研究所編『京都社会史研究』)
		8	川添昭二「覆勘状について」(『史淵』一〇五・一〇六合併号)
一九七三	〃48	1	五味文彦「使庁の構成と幕府—12—14世紀の洛中支配—」(『歴史学研究』三九二)

		4	網野善彦「鎌倉幕府の海賊禁圧について—鎌倉末期の海上警固を中心に—」(『日本歴史』二九九)
一九七四	〃49	8	五味文彦「在京人とその位置」(『史学雑誌』八三—八)
一九七五	〃50	3	瀬野精一郎「京都大番役勤仕に関する一考察」(『東京大学史料編纂所報』九)
		9	石井清文「執権北条長時と六波羅探題北条時茂—鎌倉中期幕政史上における極楽寺殿重時入道一統の政治責任—」(『政治経済史学』一一二)
		10	入間田宣夫「鎌倉時代の国家権力」(『大系日本国家史』中世二)
一九七七	〃52	3	木内正弘「鎌倉幕府と都市京都」(『日本史研究』一七五)
		8	山本博也「関東申次と鎌倉幕府」(『史学雑誌』八六—八)
		9	塚本とも子「鎌倉時代篝屋制度の研究」(『ヒストリア』七六)
一九七九	〃54	5	上横手雅敬「六波羅の北条重時」(『日本文化季報』三—四)
		9	梶　博行「中世における公武関係—関東申次と皇位継承—」(『鎌倉』三二)
一九八一	〃56	6	藤本元啓「京都守護」(『芸林』三〇—一二)
一九八三	〃58	6	岡村好甫「六波羅探題北條仲時の遺児松寿丸の行方」(『山口県地方史研究』四九)
			藤本元啓「鎌倉初期、幕府の在京勢力」(『芸林』三二—二)

一九八三	昭和58	12	外岡慎一郎「鎌倉幕府指令伝達ルートの一考察—若狭国の守護と在地勢力—」(『古文書研究』二二)
一九八四	〃59	5	美川　圭「関東申次と院伝奏の成立と展開」(『史林』六七—三)
		6	西山恵子「関東申次をめぐって」(『京都歴史資料館紀要』一)
		9	森　茂暁「鎌倉期の公武交渉関係文書について—朝廷から幕府へ—」(『金沢文庫研究』二七三)
		12	外岡慎一郎「六波羅探題と西国守護—〈両使〉をめぐって—」(『日本史研究』二六八)
一九八七	〃62	1	外岡慎一郎「鎌倉後期の公武交渉について—公武交渉文書の分析—」(『敦賀論叢』一)
		11	森　幸夫「六波羅探題職員ノート」(『三浦古文化』四二)
		12	森　茂暁「公武交渉における六波羅探題の役割—『西国成敗』とその周辺—」(『古文書研究』二八)
			森　幸夫「南北両六波羅探題についての基礎的考察」(『国史学』一三三)
一九八八	〃63	2	森　茂暁「公武交渉における六波羅探題の役割—『洛中警固』とその周辺—」(『日本歴史』四七七)
		7	五味文彦「執事・執権・得宗—安堵と理非—」(石井進編『中世の人と政治』)
		10	市沢　哲「鎌倉後期公家社会の構造と『治天の君』」(『日本史研究』三一四)

一九八九	平成1	3	高橋慎一朗「六波羅探題被官と北条氏の西国支配」（『史学雑誌』九八―三）
		10	高橋慎一朗「六波羅探題被官の使節機能」（『遙かなる中世』一〇）
一九九〇	〃2	5	稲葉伸道「鎌倉幕府裁判制度覚書（一）―六波羅探題の裁判管轄について―」（『年報中世史研究』一五）
			外岡慎一郎「鎌倉末～南北朝期の備後・安芸―幕府・守護・両使―」（『年報中世史研究』一五）
		6	森　幸夫「鎌倉幕府による使庁からの罪人請取りについて」（『日本歴史』五〇五）
		8	森　幸夫「六波羅探題職員ノート・補遺」（『国学院雑誌』九一―八）
		9	渡邊浩史「鎌倉幕府の『悪党』認識と本所一円領」（『日本大学文理学部人文科学研究所研究紀要』四〇）
		10	森　茂暁「北野天満宮所蔵『紅梅殿社記録』にみる訴訟と公武交渉」（『史学雑誌』九九―一〇）
		12	田良島哲「六波羅探題発給の二枚の制札」（『日本歴史』五一一）
			外岡慎一郎「14～15世紀における若狭国の守護と国人―両使の活動を中心として―」（『敦賀論叢』五）
一九九一	〃3	3	森　幸夫「六波羅評定衆考」（小川信先生の古稀記念論集を刊行する会編『日本中世政治社会の研究』）

一九九一	平成3	5	渡邊浩史「流通路支配と悪党—東大寺領山城国賀茂庄の悪党—」(『年報中世史研究』一六)
		6	森　茂暁『鎌倉時代の朝幕関係』(思文閣出版)
			森　茂暁「六波羅探題と検非違使庁」(同著『鎌倉時代の朝幕関係』)
			森　茂暁「関東申次制の意義」(同著『鎌倉時代の朝幕関係』)
			森　茂暁「関東申次施行状の成立」(同著『鎌倉時代の朝幕関係』)
			森　茂暁「関東申次をめぐる朝幕交渉—西園寺実氏以降—」(同著『鎌倉時代の朝幕関係』)
			森　茂暁「西園寺実氏『関東申次』指名以前の朝幕交渉」(同著『鎌倉時代の朝幕関係』)
		11	上杉和彦「鎌倉将軍上洛とその周辺」(『古代文化』四三—一一)
		12	高橋慎一朗「『武家地』六波羅の成立」(『日本史研究』三五二)
			外岡慎一郎「鎌倉末〜南北朝期の守護と国人—『六波羅—両使制』再論—」(『ヒストリア』一三三)
一九九二	〃4	3	高橋慎一朗「中世前期の京都住人と武士」(石井進編『都と鄙の中世史』)
		5	下沢　敦「京都篝屋の一時中断・再開を巡る一考察」(杉山晴康編『裁判と法の歴史的展開』)
		6	高橋慎一朗「空間としての六波羅」(『史学雑誌』一〇一—六)
		9	高橋　修「鎌倉後期における地域権力と幕府体制—紀伊国湯浅党を事例として—」(『日本史研究』三六一)

		11	高橋慎一朗「六波羅と洛中」（五味文彦編『中世を考える都市の中世』）
		12	井原今朝男「中世の国政と家政―中世公家官制史の諸問題―」（『ヒストリア』一三七）
			申　宗大「六波羅探題の役割」（『国史談話会雑誌』三三）
			外岡慎一郎「使節遵行に関する覚書」（『敦賀論叢』七）
一九九三	〃5	1	市沢　哲「書評・森茂暁著『鎌倉時代の朝幕関係』」（『日本史研究』三六五）
		4	近藤成一「悪党召し捕りの構造」（永原慶二編『中世の発見』）
		11	渡辺智裕「新日吉小会五月会の編年について」（『民衆史研究』四六）
一九九四	〃6	2	末常愛子「六波羅探題金澤貞顕武蔵守補任の背景―北條師時・北條貞時連続卒去『鎌倉騒動』との関連―」（『政治経済史学』三三二）
		3	下沢　敦「鎌倉幕府法令から眺めた『悪党』並びに鎌倉幕府の『悪党』検断に関する諸問題」（『法制史研究』四三）
		9	石井清文「小侍所別当北条重時の六波羅探題就任事情」（『政治経済史学』三三九）
一九九五	〃7	7	山本博也「六波羅殿御家訓にみる都市の風景」（五味文彦編『中世の空間を読む』）
		12	佐藤秀成「六波羅探題発給文書の伝達経路に関する若干の考察」（『古文書研究』四一・四二合併号）

一九九六	平成8	1	久保田和彦「六波羅探題発給文書の研究—北条泰時・時房探題期について—」（『日本史研究』四〇一）
		4	下沢　敦「京都篝屋の設置場所に関する試論」（『早稲田大学大学院法研論集』七七）
			高橋慎一朗「京都大番役と御家人の村落支配」（『日本歴史』五七五）
		8	高橋慎一朗『中世の都市と武士』（吉川弘文館）
		10	下沢　敦「京都篝屋の設置場所に関する補論」（『早稲田大学大学院法研論集』七九）
			外岡慎一郎「使節遵行と在地社会」（『歴史学研究』六九〇）
		12	石井清文「寛喜元年、尊性法親王の天台座主辞任と六波羅探題北条時氏」（『政治経済史学』三六六）
一九九七	〃9	3	齋藤　潤「鎌倉幕府在京人制成立試論」（羽下徳彦先生退官記念論集『中世の杜』）
		11	加藤　克「『六波羅奉行国』に関する一考察」（『北大史学』三七）
一九九八	〃10	3	山本博也「北条重時家訓考」（『昭和女子大学文化史研究』一）
		10	森　幸夫「六条八幡宮造営注文の『在京』について」（『古文書研究』四八）
一九九九	〃11	1	錦織　勤「鎌倉幕府法にみえる『武士』について」（『日本歴史』六〇八）
		2	岡村吉彦「鎌倉後期の伯耆国守護と小鴨氏—六波羅探題発給文書からの検討—」（『鳥取地域史研究』一）

		4	黒田弘子「百姓申状と本所裁判—紀伊国阿弖河庄—」（鎌倉遺文研究会編『鎌倉時代の政治と経済』）
			久保田和彦「六波羅探題発給文書の研究—北条重時・時盛探題期について—」（鎌倉遺文研究会編『鎌倉時代の政治と経済』）
			近藤成一「両統迭立期の院宣と綸旨」（鎌倉遺文研究会編『鎌倉時代の政治と経済』）
		8	永井　晋「鎌倉時代後期における京都・鎌倉間の私的情報交換—六波羅探題金沢貞顕の書状と使者—」（『歴史学研究』七二六）
二〇〇〇	〃12	1	木村英一「鎌倉後期の勅命施行と六波羅探題」（『ヒストリア』一六七）
		2	白根靖大「関東申次の成立と展開」（同著『中世の王朝社会と院政』）
		7	錦織　勤「『明月記』にあらわれる『武士』の語義について」（『史学研究』二二九）
		10	網野善彦・笠松宏至『中世の裁判を読み解く』（学生社）
			秋山哲雄「北条氏一門と得宗政権」（『日本史研究』四五八）
			久保田和彦「六波羅探題発給文書の研究—北条時氏・時盛探題期について—」（『年報三田中世史研究』七）
		11	酒井紀美「申詞と申状」（『歴史評論』六〇七）
		12	熊谷隆之「六波羅探題発給文書に関する基礎的考察」（『日本史研究』四六〇）

二〇〇一	平成13	3	本郷和人「西園寺氏再考」(『日本歴史』六三四)
		10	熊谷隆之「六波羅施行状について」(『鎌倉遺文研究』八)
		11	久保田和彦「六波羅探題北条長時発給文書の研究」(『日本史攷究』二六)
			高橋一樹「鎌倉幕府訴訟文書の機能論的考察—訴陳状を中心に—」(『古文書研究』五四)
二〇〇二	〃14	1	木村英一「六波羅探題の成立と公家政権—『洛中警固』を通して—」(『ヒストリア』一七八)
			高橋一樹「鎌倉幕府における訴訟文書・記録の保管利用システム—幕府の文庫と奉行人の『家』—」(『歴史学研究』七五八)
		8	西田友広「鎌倉幕府検断体制の構造と展開」(『史学雑誌』一一一—八)
		10	森　幸夫「六波羅奉行人の出自に関する考察」(『金沢文庫研究』三〇九)
		11	熊谷隆之「六波羅における裁許と評定」(『史林』八五—六)
二〇〇三	〃15	7	永井　晋『金沢貞顕』(吉川弘文館・人物叢書)
			熊谷隆之「六波羅・守護体制の構造と展開」(『日本史研究』四九一)
		9	西田友広「鎌倉時代の朝廷の検断権と幕府—衾宣旨・衾御教書を材料として—」(『日本史研究』四九三)
		11	熊谷隆之「六波羅探題任免小考—『六波羅守護次第』の紹介とあわせて—」(『史林』八六—六)
二〇〇四	〃16	7	熊谷隆之「六波羅探題考」(『史学雑誌』一一三—七)

二〇〇五	〃17	4	森　幸夫『六波羅探題の研究』（続群書類従完成会）
			森　幸夫「六波羅探題の研究史」（同著『六波羅探題の研究』）
			森　幸夫「六波羅探題の展開過程」（同著『六波羅探題の研究』）
			森　幸夫「在京得宗被官小考」（同著『六波羅探題の研究』）
			森　幸夫「六波羅奉行人斎藤氏の概観」（同著『六波羅探題の研究』）
二〇〇六	〃18	11	山本博也「大番役と御家人制」（『日本歴史』七〇二）
		12	永井　晋『金沢北条氏の研究』（八木書店）
二〇〇七	〃19	3	高橋慎一朗「『六波羅』から中世を考える」（『京都女子大学・宗教・文化研究所紀要』二〇）
		10	築地貴久「鎮西探題の成立と鎌倉幕府」（『明治大学文学部研究論集』二八）
		12	山本博也「北条重時家訓と仏教」（『昭和女子大学文化史研究』一一）
二〇〇八	〃20	3	本間志奈「鎌倉幕府派遣使節について—六波羅探題使節を中心に—」（『法政史学』六九）
		5	秋山哲雄「鎌倉幕府の地方制度」（北条氏研究会編『北条時宗の時代』）
			久保田和彦「六波羅探題発給文書の研究—北条時茂・時輔・義宗探題期について—」（北条氏研究会編『北条時宗の時代』）
		7	木村英一「鎌倉時代の寺社紛争と六波羅探題」（『史学雑誌』一一七—七）

二〇〇九	平成21	3	筧　雅博「正中の変前後の情勢をめぐって」（『金沢文庫研究』三二二）
		4	西田友広「衾宣旨補論―その効力について―」（『鎌倉遺文研究』二三）
		10	森　幸夫『北条重時』（吉川弘文館・人物叢書）
			細川重男「鎌倉幕府後期政治史の現状と課題」（『歴史評論』七一四）
二〇一〇	〃22	9	山野龍太郎「東国武士の六波羅評定衆化―武蔵国の中条氏を中心として―」（『史境』六一）
二〇一一	〃23	3	稲葉伸道「鎌倉後期の幕府寺社裁判制度について」（『名古屋大学文学部研究論集』史学篇五七）
		4	稲吉昭彦・竹中友里代・徳永健太郎「肥後国野原荘関係新出史料の紹介―弘長二年六波羅施行状と野原荘下地中分―」（『鎌倉遺文研究』二七）
		5	酒井紀美「六波羅探題における『内問答』と『言口法師』」（東寺文書研究会編『東寺文書と中世の諸相』）
		8	西田友広『鎌倉幕府の検断と国制』（吉川弘文館）
二〇一二	〃24	3	福島金治「北条氏一族女性の在京生活―六波羅探題金沢貞顕の周辺―」（『京都女子大学・宗教・文化研究所紀要』二五）
		5	工藤祐一「六波羅の国制的地位について―権門間の荘園紛争を事例に―」（『日本社会史研究』九六・九七合併号）
二〇一三	〃25	3	永井晋・角田朋彦・野村朋弘共編『金沢北条氏編年資料集』（八木書店）

		4	森　幸夫「六波羅評定衆長井氏の考察」（『ヒストリア』二三七）
		12	築地貴久「鎌倉幕府追加法三二四条制定の背景―災害の影響の視点から―」（悪党研究会編『中世荘園の基層』）
二〇一四	〃26	10	木村英一「中世前期の内乱と京都大番役」（高橋典幸編『戦争と平和』、生活と文化の歴史学5）
			森　幸夫「鎌倉末期の六波羅探題―崇顕（金沢貞顕）書状から―」（『年報三田中世史研究』二一）
二〇一五	〃27	5	外岡慎一郎『武家権力と使節遵行』（同成社）
			外岡慎一郎「六波羅探題の領分」（同著『武家権力と使節遵行』）
二〇一六	〃28	1	木村英一『鎌倉時代公武関係と六波羅探題』（清文堂）
			木村英一「六波羅探題研究の現状と課題」（同著『鎌倉時代公武関係と六波羅探題』）
			木村英一「鎌倉後期の悪党検断方式に関する覚書」（同著『鎌倉時代公武関係と六波羅探題』）
		4	工藤祐一「六波羅探題の成立と『西国成敗』」（『鎌倉遺文研究』三七）
二〇一七	〃29	1	森　幸夫「書評・木村英一著『鎌倉時代公武関係と六波羅探題』」（『史学雑誌』一二六―一）
		3	西田友広『悪党召し取りの中世―鎌倉幕府の治安維持―』（吉川弘文館）
二〇一八	〃30	3	森　幸夫「六波羅探題と執権・連署」（日本史史料研究会編『将軍・執権・連署―鎌倉幕府権力を考える―』）

二〇一八	平成30	11	勅使河原拓也「番役に見る鎌倉幕府の御家人制」(『史林』一〇一—六)
二〇一九	〃31	1	木下龍馬「武家への挙状、武家の挙状—鎌倉幕府と裁判における口入的要素—」(『史学雑誌』一二八—一)
		3	河窪奈津子「宗像大宮司氏業・長氏の六波羅奉行人説再考」(『宗像市史研究』二)
			工藤祐一「鎌倉時代の荘園紛争と六波羅探題の問注記—紀伊国名手荘・丹生屋村間の紛争を事例に—」(『学習院史学』五七)
		4	岩田慎平「承久の乱とそれ以後の北条時房」(野口実編『承久の乱の構造と展開』)
二〇一九	令和1	6	植田真平・工藤祐一「宮内庁書陵部所蔵谷森本中世文書「所領関係文書」の紹介」(『古文書研究』八七)

六《ろく》波《は》羅《ら》探題《たんだい》　研究の軌跡

研究史ハンドブック

日本史史料研究会ブックス 003

2020（令和 2）年 1 月 18 日　第 1 版第 1 刷発行

ISBN978-4-909658-21-0 C0221 ¥1200E

著 者　久保田和彦（くぼた・かずひこ）

1955年、神奈川県生まれ。早稲田大学教育学部社会科地理歴史専修卒業。学習院大学大学院人文科学研究科修士課程修了、同大学院博士課程で単位取得。専攻は日本中世史（荘園、国衙領、国司制度、北条氏、六波羅探題など）。神奈川県立高等学校教諭を経て、現在、鶴見大学文学部文化財学科、日本大学文理学部史学科非常勤講師。共著に、北条氏研究会編『北条氏発給文書の研究』、同編『鎌倉北条氏人名辞典』（勉誠出版、2019年）、論文に、「黒田荘出作・新荘の成立過程と国司政策」（『ヒストリア』128、1990年）、「六波羅探題発給文書の研究─北条泰時・時房探題期について─」（『日本史研究』401、1996年）、「鎌倉幕府『連署』制の成立に関する一考察」（『鎌倉遺文研究』41、2018年）などがある。

発行所　株式会社 文学通信

〒 170-0002　東京都豊島区巣鴨 1-35-6-201
電話 03-5939-9027　Fax 03-5939-9094
メール info@bungaku-report.com　ウェブ https://bungaku-report.com

発行人　岡田圭介

編 集　日本史史料研究会
〒 177-0041 東京都練馬区石神井町 5-4-16
日本史史料研究会石神井公園研究センター

装 丁　岡田圭介
組 版　文選工房
印刷・製本　モリモト印刷